日本語のしくみがわかる本

町田 健

研究社

はしがき

私たちが毎日使っている日本語は、世界に三千とか六千とかあると言われているいろんな言語のうちの一つです。中学から何年も勉強しているのに、なかなかうまく話せるようにならない英語と比べてみると、ずいぶん違うように見えるので、その腹いせだかどうか知りませんが、日本語は他の言語よりも文法が複雑で覚えるのが難しいコトバなんだ、と思っている方もたくさんいらっしゃるのではなかろうかと思います。

確かに人間のコトバというのは、世の中で起きるありとあらゆる事柄を他人に伝えるために使われるようになったのですから、どれもそれなりに複雑なしくみをもっています。ですが、所詮私たち人間が普通の生活で簡単に使いこなせていることも事実なわけですから、結局のところは誰にでもちゃんと分かるようなしくみになっているはずです。

その点では日本語だろうが英語だろうが、あるいは中国語だろうがアラビア語だろうが同じことなわけでして、その中で日本語だけが特別に難しくなっている、なんてことはどうもなさそうに思えます。

ところが、中学生の娘が教わっている「国文法」に書かれている内容は、とても簡単というわけにはいかないように見えます。実際、時々問題を解いてみろと言ってくるのですが、どうやってもどうしてそんな答えになるのかが分からないことがよくあって、「お父さん言語学者なのにダメじゃん」とバカにされてしまうのです。

多分私の理解力に問題があるのでしょうが、でもよーく読んでみると、どうもこれって筋が通らないんじゃないの、と思えるところがいくつもあるような気がしてなりません。

本書ではまずそういう、「ここんとこころはどうなってるんだ」と思えるような箇所をいくつか取り上げて、そこがどうして問題なのか、どうすればすっきりするのか、というところについてお話ししています。ここのところをお読みになれば、どうして国文法がよく分からなかったのか、という理由が分かっていただけるのではないかと思います。早い話が、分からないのが当たり前のようなところが中学の国文法には結構あったんだ、ということです。

それで次には、じゃあそういう国文法になってしまったのはどうしてなんだろうか、ということで、昔から今までの偉い国語学者たち何人か（と言っても三人だけですが）の考え方を見てみることになっています。偉い国語学者ですから、やっぱり書いた内容も偉い？ わけでして、何か文句をつけたりするのは気がひけるのですが、非の打ちどころのないほど完璧な論を展開する学者なんてのはいないわけですから、まあ探してみればあれこれと理屈に合わない主張を見つけることはできます。

そういう主張の中で、大体は国文法に関係したところで問題がありそうなところについてお話ししています。ただ、学校で教わる国文法とは直接には関係がなくても、よく知られている学説や主張については、私なりに気がついた点を取り上げたところもあります。有名な学者が唱えた学説でも、それだけを使って日本語のしくみを分析するとしたら、やっぱり不十分なところがあるんだなあ、というところがお分かりいただければいいと思っています。

そして、国文法とか学者たちの主張で問題があるんじゃないかとお話しした部分に対しての、私なりの解答を与えようとしているのが最後の部分です。ここで最初に戻るのですが、私としては、日本語も含めたコトバのしくみというのは、基本的には人間だったら誰にでも分かる簡単な原則に基づいているのではないかと考えているわけです。で、簡単に申し上げれば、コトバというのは、「聞いて分かりやすい」ように内容を伝えるためのしくみを整えているのではないか、ということです。

もちろん表面的にはいろんな言語でいろんな違った形をとっていますから、そのしくみの具体的な現れ方も同じではありません。ですが、日本語という言語がもっている、その表面的な形の枠の中で、聞いて分かる、という原則がやっぱり大きな力として働いていて、その結果として日本語で使われている文法やなんかが決まってきているんじゃなかろうか、というのが私の最終的な結論になっています。

本書をお読みになって、私たちの日本語が、国文法で教わったような矛盾の多い性質をもっているのではなくて、ホントは結構すっきりとした分かりやすいしくみになっているんだ、ということが少しでも分かっていただければ幸いです。

最後になりましたが、本書を書くことを薦めてくださり、執筆の途中でもいろいろな助言をいただいた、研究社出版編集部の佐藤陽二さんに心からの感謝を捧げます。

二〇〇〇年十月

町田　健

もくじ

第1章

日本語の文法について これまでどんなことを教わってきたか

そーか、日本語の文法って わかんなくってよ かったんだ！
うん。ワケわかんなくてよ かったのが日本語の 文法だったんだね！

中学の「文法」

日本語の文法というと、どうも私たちは中学校の三年間で教わるもののようです。もちろん、小学校でも日本語のしくみのことについてはある程度は勉強するようですが、私の経験では、教わったのは「暑い」の反対語は「寒い」だとか、「重箱読み」とか「湯桶読み」のようにちょっと普通とは違う漢語の読み方があるんだよ、といった感じの、どちらかといえば単語についての話が中心だったように思います。

「大きい」の反対は「小さい」、「重い」の反対は「軽い」なんていうのだったら、幼稚園児にだって分かりますよね。漢語の読み方だと、どれが「音読み」でどれが「訓読み」なのかを覚えなければなりませんから、ちょっと難しいといえば難しいのですが、それさえわかってしまえば、あとは音読みと訓読みの組み合わせだけの問題ですから、まあそれほどわかりにくいということはなさそうです。

ところが中学になると、国語の時間でいきなり「文節」なんていうのが登場してしまうわけです。こういうのは、もちろん普段の生活ではまず絶対使わない「専門用語」★ですし、反対語なんかと違って、知っていると日本語を使うのにちょっと便利だなんていうこともありません。

つまり文節っていうのは、平均的な日本人だったら、どう考えたって自分で思いつく

★ただ、「重箱読み」「湯桶読み」は、知っていても全然役に立ちませんがね。

ようなものではないということです。そういうのが日本語の文にはあるんですよ、と中学に入りたての子供は教わるのです。もちろんこれだけだったら、ああそうか、なるほど、自分が使っていた日本語っていうのもなかなか立派なもんだ、などと感心していればよいのかもしれません。

文法がよくわからない原因

ところが、これが一番の問題で、後で詳しくお話しすることになるのですが、「文節」という単位が一体どういうものなのか、ということを、国語の時間にきちんと教えてはくれません。★私が中学生の時の国語の先生も、「文節っていうのは、後ろに『ね』を付けて分けることができるような区切りなんだ」と教えてくれただけでした。

こういう文節の定義は、実はすごくおかしいわけです。なぜかというと、「文節とはこれこれこういうものなんだから、それぞれの文節には「ね」を付けられるんだよ」という説明なら、「ね」で区切られる理由がちゃんと理解できます。そうではなくて、『『ね』を付けて区切るやつが文節なんだ」とだけ言われたって、それじゃあ文節っていうのは何なんですか?という、誰もが当たり前のようにもつはずの疑問には全然答えられません。

これはたとえば、「低気圧」っていうのは「それが来ると雨が降るやつです」などと

★いや、私の先生はちゃんと教えてくれたよ、とおっしゃる方、そんなはずはありません。その理由は後でお話しします。

言って教えるのと同じようなものなんじゃないでしょうか。確かに低気圧が来ると雨が降ることが多いわけですが、それは低気圧のもっている性質から出てくる現象に過ぎないのでして、低気圧そのものの定義にはなっていませんよね。

ただ、何でもきちんとした定義から勉強を始めるのは難しいわけで、その点では「ね」で区切るのが文節だという教え方でもいけないということはないのかもしれません。ですがやっぱり、何といっても文法は立派な学問なんですから、ある程度★はちゃんとした文節の定義がほしいところです。

文節以外にも、「活用」とか「助詞の分類」とか、せっかく苦労して勉強するのだし、高校入試にも出題されるんですから、どうせならもっときちんとした説明をしてほしかったなー、と思えるところが、中学の国文法には結構あります。

こういう事情は、私が中学生だった三十年前と今とで、ほとんど変わっていないようです。中学生用の国文法の参考書を見てみても、私が教わった内容と違う点はどうもないように思えます。ということは、はっきりいって分からないのが当たり前のような文法を、日本人はこの何十年もの間教えられてきているということで、うーん、いくら勉強だといってもこれじゃあ苦労のしがいがないというものです。

それでは、中学の国文法で教わる内容のどこがいけなかったのでしょうか。それをこれから見ていくことにしましょう。

★数学で「自然数」とは何か、という定義を最初からしなければ、足し算も引き算もやれない、というのでは小学校の算数は成り立ちません。

「文節」はね、最初にさ、つまずくところなんだよ

まずはさっきからぶーぶー文句をつけている「文節」です。国文法の参考書を見ると、文節というのは一応「実際に話す場合のことばとして、不自然でない程度に文を区切った一区切り」などという説明になっています。ええっー、これで文節が何なのか理解しろと言うんでしょうかー。

大体「不自然でない程度に」なんていう表現がずいぶんいい加減です。ある区切りが「不自然だ」とされる基準なんて、人によって違うこともあるんじゃないでしょうか。こういう定義でいいんだったら、たとえば「ミミズ」のことを生物学で「にょろにょろした細長くて気持ち悪い生き物」みたいに言い表しても、おーよし、すばらしい定義だ、特に「気持ち悪い」というところがいいねー、なんてことになってしまいそうです。

こういう定義だと、「夜空にはダイヤモンドのような星が輝いていた」★という文を文節に分けなさい、という問題があったりすると、正しい解答が何かなんてことは分かるはずがありません。まあ「夜空には」が一つの分節だというのはいいでしょう。「夜空」を取り分けることはできたとしても、「には」だけだと確かにずいぶん「不自然な」気がしますよね。

★これはホントにどこかの問題集にあった文です。うーん、でも「ダイヤモンドのような星」なんていう陳腐な比喩、なんとかならなかったんでしょうか。

でも次の「ダイヤモンドのような」になると、「ダイヤモンドの」と「ような」の二つに分けてもいいような気もしますし、いや「ような」なんてのはやっぱり独立性がないようですから、「ダイヤモンドのような」で一つの文節にしなければならないようにも思います。

つまり「ような」だけを切り離すのが不自然かどうかというのが、私たちの直観でははっきりしないということなのです。国文法を勉強した人だったら「ようだ」は助動詞なんだから、それだけ切り離すのは変だろ、ということになりそうではあります。ですが、「ようだ」は話しコトバでは「みたい」になるのでして、「あの娘、彼氏★いるのかなー」「みたいよー」なんていう会話は普通にありそうです。

となると「みたい」は、それだけ切り離して使われることができるということになります。だったら、同じ意味の「ようだ」も切り離すことができるんだ、と言えないこともなさそうですよね。というわけで、その連体形の「ような」が一つの文節なんだと考えるのが絶対いけないということにはならないような気もします。

こんな問題を解いて高校に入るのでしょうか？

それでは、「輝いていた」はどうでしょう。「輝いて」だけでも切り離せそうな感じもします。実際「輝いてはね、いるよね」のように、「輝いて」の後に「は」と「ね」と

★この「彼氏」、カレシみたいに平板なアクセントで発音してください。

いう二つの助詞を入れることもできそうですから、「輝いて」を独立させるのは別に悪くはないのでしょう。

ですが、「いた」を切り離して独立させるのは、私は反対です。なんでー、「いた」って「いる」の過去形じゃない、「花子がいた」の「いた」と同じなんだから、これだけ切り取っても別に不自然じゃないよ、とお考えの方、もう少しよく考えてみましょうね。

「花子がいた」の「いた」は、ちょっと難しく言い換えると、「ある場所に存在していた」という意味ですから、よーし、お前もちゃんとした大人だ独立していいぞ、と言ってやってもいいわけです。ところが一方で「輝いていた」★だと、「輝いて」なんていうモノが「いた」という意味を表しているのでは全然ありません。「輝く」という動作の途中だったという、英語の進行形と同じような意味を表しているだけです。

ということは、「輝いていた」の「いた」は、「輝く」に限りなく従属している立場にあるわけでして、とても一人前ということはできません。ですから、同じ「いた」だからといって、「花子がいた」と「輝いていた」にある二つの「いた」を、同じように独立したものだと考えるのはどうかなーと思うわけです。

それに、話し言葉では「輝いていた」は「輝いてた」と言うのが普通なのでして、これだったら全体として一つの文節だとするしかありません。「た」だけ切り離すというのは、誰だって認めるわけにはいきませんよね。「輝いていた」は二つの文節からでき

★「ている」とか「ていた」のことについては、この本のもっと後のところで詳しくお話しします。

ているけれども、「輝いてた」は一つの文節なんだというのは、やっぱりかなり無理があるような気がします。

「自立語」と「付属語」を区別するのです

それで結局のところ、この問題の解答なんですが、一応次のようにしなければならないことになっています。「〓」が文節の区切りです。

夜空には〓ダイヤモンドのような〓星が〓輝いて〓いた。

こうでなければ点がもらえないというんだったら、とにかく頭から覚える以外にはありません。要領のいい生徒だったら、「うん、『ような』だけで文節に区切っちゃいけないんだ。そして「いた」っていうのは、どんな時でも一つの文節になるんだ」という具合に覚えて、テストではいつもこの原則を守ろうとするでしょう。

でも「学問」っていうのは、本当はそんなものではいけませんよね。何といっても学問なんですから、「真理」が求められなければなりません。なんて言うと難しい話になりそうなのでもうやめますが、とにかく「何でそうなるの?」という疑問にはちゃんと答えられなければならないはずです。つべこべ言うな、何でもいいから覚えろ、と言うのだったら、それは昔あのとっても身体に悪い（と今は言われている）「ウサギ跳び」★を

★私たちは体育の授業でよくウサギ跳びをやらされましたし、あの星飛雄馬も星雲高校で伴宙太とウサギ跳びの競争をしていましたよね。

無理矢理やらせるのと同じことで、すごく頭に悪い（?）ことではないでしょうか。

もちろん国文法でも「それ以上区切ると不自然だ」という基準だけではなくて、それなりにまともに見える、文節を定義する別の基準を用意してはいます。それが「文節には必ず自立語が一つだけ含まれる」というものです。ふーん、だったらその自立語が何かっていうのが分かれば、どの区切りが文節なのかが分かるということですよね。

それでは自立語の定義を見てみましょう。こう書いてあります。「それだけで独立して意味が分かり、それだけで一文節を作ることのできる単語」。なんだってー、それだけー？　と聞き返したくなった人、あなたが正しいんです。

まず「それだけで独立して意味が分かる」という部分は、何も言っていないのと同じです。もともと「意味」っていうのが何かを説明してはいないわけですし、意味が何かということは今もって誰にも説明できない問題なのです。ですから、「独立して意味が分かる」ことが一体どういう性質のことなのかは、結局全然分からないということでして、だからここのところは分かるほうがおかしいわけです。

そして「それだけで一文節を作ることができる単語」だってーぇ？　すると、「文節」っていうのは「自立語が一つだけ含まれている区切り（=単語の集まり）」だったわけで、その「自立語」が「文節を作ることができる単語」だっていうのなら、「文節」は「文節を作ることができる単語が含まれている単語の集まり」ということになってしまいますよね。

ということは、「文節っていうのは文節なんだ、それだけだよ」と言っているのと同じことになってしまいます。こんなのがまともな説明とは言えないことは、誰にだって分かります。「イヌ★は、みんなが〈イヌ〉と呼んでいる動物です」「本は、お店で『本ください』と言ったらお店の人がくれるモノです」なんて先生が説明したら、幼稚園の子供でも「センセーイ、ぼくたちのことバカにしてるのー」と言いたくなるところじゃないでしょうか。

自立語は付属語ではないもので、付属語は自立語ではないものです

それで最終的には、単語は自立語と付属語のどちらかに分けられるもので、付属語は助詞と助動詞だけだから、助詞と助動詞を覚えておいて、それ以外の単語は全部自立語なんだとしておく以外に、さっきのような問題に対処する方法はなくなってしまいます。

助詞と助動詞を覚えるだけなら、それほど大変ではありませんから、あとは自立語を一つ抜き出して、それに助詞とか助動詞とかが付いた区切りを一つの文節なんだとしてしまえば、一応文法の問題は解けるわけです。

でもそれだけだったら、日本語というコトバのしくみがどうなっているのかを知る、

★実は言語学では「イヌ」の意味の説明をこういうふうにやっていることが多いのですが。

という国文法の本来の目的がきちんと反映されているのだとは、とても言えないように思います。要するに、単にわけも分からずに暗記しただけですから。★

大体、「付属語」の定義というのが、（もうみなさんもほとんど予測されていることでしょうが）「それだけでは文節を作ることができず、自立語の後についてはじめて文節を作ることができる単語」というようなものなんです。これがまともな定義ではないということは、もう詳しくお話しするまでもないと思います。

確かに、助詞や助動詞はそれだけでは使えませんから、まあなんとなく「付属語」でいいのかなという感じはします。でもそれだったら「ある人」の「ある」とか、「このネコ」の「この」なんかも、絶対に後ろに名詞がないと使えないんですから、やっぱり同じように付属語でもよさそうなのに、これは自立語なんです。だから「ある人が」は、二つの文節からできていて「ある‖人が」と区切らなければならないことになっています。

同じように「わがはいはネコである」の「ネコである」の部分では、「ある」は助詞でも助動詞でもありませんから自立語で、文節に分けると「ネコで‖ある」になるとされています。もちろん普通の「ある」だったら自立語でもいいでしょうが、「ネコである」は「ネコだ」というのと同じなんですから、「である」の「ある」が「自立」しているというのは、どう考えたって変です。

もう一回申し上げますが、国文法を勉強するということは、私たちが普段使っている

★でも、歴史とか生物なんかの科目だと、私もただ暗記しただけだったような気がしてなりません。「持明院統」とか「クエン酸回路」とか、どうして覚えなければならなかったのか未だに分からないヤツがたくさんあります。

日本語というコトバのしくみがどうなっているのかを、ちゃんと理解したいということのはずです。それなのに、自立語はこれとこれなんだ、それに付属語がついたやつを文節っていうんだ、つべこべ言わずに覚えろ、というんだったら、やっぱり勉強のしがいがないのではないでしょうか。でも国文法の教科書には、そういうところがあちこちにいっぱいあるようです。これからそのあたりのことを見ていくことにしましょう。

主語と述語を見つけましょう

文法の問題に、「姉が私に本をくれました」「妹は昔カメレオンを飼っていました」「私の兄の学校も町田★にあります」という文の主語と述語を言いなさい、なんていうのがあったとしましょう。多分みなさんの誰もが、簡単にそれぞれの文の主語と述語を指摘なさったと思います。一応答えを申し上げておきますと、主語は「姉」「妹」「私の兄の学校」で、述語は「くれました」「飼っていました」「あります」です。

こういうふうに、主語と述語という、文法的な性質をもとにした単語の見方は、誰にとっても簡単に理解できるものです。英語とかフランス語、ドイツ語などの他の言語を勉強する時にも、やっぱり同じように、文には主語と述語がありますと言われて、どれが主語や述語かを言うのも、そんなに難しいことではありません。

というわけで、主語と述語はどんなコトバにもある普遍★的なものなんだ、と言って

★私の名字と同じこの東京南部の市は、私がその存在を知った頃は、人口が六万人くらいしかなかったのに、現在では四十万人近くあります。いや、それで別にどうということはないんですが。

★ただ、主語とか述語がそんなに普遍的なものではないんだ、と考える学者も大勢います。

も、そんなに間違ってはいないと私は思います。文には主語と述語があるのが普通だとすれば、文中のどれが主語でどれが述語なのかが分かれば、文の内容の基本は大体分かるということで、コトバの意味の理解という点でも、主語と述語はとっても大切なものだということになるでしょう。

だったらそれでいいじゃないか、と言われてしまいそうです。はい、確かにここまではなんとかなります。でもそれは、「主語っていうのはこういう性質がある単語なんですよ」「述語はね、こういうものなんですよ」という定義を全然しなかったからなんです。誰の頭の中にも、主語とか述語っていうのはこんなもんなんだ、という考えがぼやーっとした形であって、大体のところそれが誰にとっても同じようなもののようなので、わざわざきちんと定義しなくてもよかったのでした。

でもやっぱり「文法」というからには、主語とか述語が何なのかということをはっきりとさせておきたいですよね。そうじゃないと、「『が』とか『は』が付いた名詞が主語なんだ」などと思ってしまって、「車はもう洗いました」なんていう文の「車」には「は」が付いているから、この文の主語は「車」なんだと言い張る人だって出てきてしまうわけです。★

★こういう人、意外に多いようですよ。

「が」と「は」が付いている名詞は主語だろうか？

とは言っても、「主語とは何か」というのはすごーく難しい問題なので、今のところはそっとしておきましょう。とりあえずは、「が」を付けられる名詞が主語なんだということでいいのではないかと思います。

たとえば「太郎が来た」とか「イヌがネコを追いかけている」★みたいな文の「太郎」「イヌ」は主語なんだ、と言うことには問題はないでしょう。

「来た」のは誰かというと、それは「太郎」なわけですし、「ネコを追いかけている」のが何かというと、それは「イヌ」なわけで、「太郎」と「イヌ」が、この二つの文で何といっても中心的な働きをしていることに、間違いはありません。ですから、こういう名詞なら、主語と呼ばれても恥ずかしくないだろうなという気はします。

それから、「花子は教師だ」とか「ネコもいます」のような文だと、「が」じゃなくて「は」とか「も」が使われていますが、「は」「も」の代わりに「が」を使っても、大体★同じ意味を表しますよね。つまり、「花子が教師だ」とか「ネコがいます」と言っても、★基本的には同じ事柄を表しているということです。

だったらこういうふうに他の助詞を使っていても、それを「が」に置き換えられるのだったら、「は」や「も」なんかが付いている名詞も、まあいいか主語にしてやろう

★最近野良犬がいないので、こんなことは滅多に起こりませんがね。

★この「大体」がホントはくせ者なんですが。

★ホントはどこが違うかということについては、第3章をお読みください。

じゃないか、と私たちの国文法では考えられているようです。

ホントのところを申し上げますと、こういうふうにあまりに大ざっぱに主語のことを考える学者はあんまりいません。ですが、百歩譲って、「が」を付けても基本的な意味が変わらない時には、その名詞を主語にすることにしておきましょう。こうすれば、さっきお話しした「車はもう洗いました」の「車」は、どうやったって主語にはならないということは説明できます。

この文の「車は」を「車が」に変えると「車がもう洗いました」なんていう、ものすごく変な日本語になってしまいますよね。要するにここでは、「は」を「が」に置き換えられないということです。「が」を使えないんだったら、たとえ「は」が付いていても、この文の「車」という名詞は主語ではないということになります。

実際この文は、「車は範子が洗いました」みたいに、ホントに手を動かして車を洗った人に「が」を付けて、内容を正確に表すことができるわけでして、この文だったら、「範子」が主語なんだということに文句をつける人はいないでしょう。

それでも主語は大変です

これで一応は、「は」(とか「も」とか「さえ」とか)が付いていても、それだけで主語だとは言えないんだ、ということには何とかなりそうです。ですが、多分もうお分かりの方もたくさんいらっしゃるでしょう。はい、「が」が付いていたって、主語にするのはどうかな、と考えるのが当然の、「私は水が飲みたい」みたいな例がいくらでもあるわけです。

この文では「水」に「が」が付いているのですが、「飲みたい」と思っているのは「私」に決まっていますから、主語は「私」にしたほうがずっといいですよね。それに、ちょっと変ですが「私が水が飲みたい」★とも言えるわけですから、「私」を主語だとすることには全然問題がありません。

というわけで、「が」を付けることができる名詞が全部主語ということにはなりません。ただこういう主語を表さない「が」は、「私は水が飲みたい」とか「太郎は花子が好きだ」みたいに、述語が「〜たい」とか「好きだ」「嫌いだ」などの時にしか使われないわけです。ま、どっちかと言えば例外みたいなもんでして、もちろんどうしてこんな時に「が」が使えるんだろうか、というのはぜひとも考えなければいけない問題ですが、とりあえず主語のことを考える時には脇に置いてもなんとかなりそうです。

実は、中学の国文法の参考書には、「水が飲みたい」みたいな例はさすがにありますが、主語をどうやって決めたらいいか、なんてことは全然書いてありません。主語は「何がどうする」「何がどんなだ」のような形の文の「何が」なんです、とさらっと流してあるだけです。ほほー、おまえさん、これで主語ってのが全部分かるわけかい？と嫌みの一つも投げかけてやりたくはなりますが、でも、中学生相手に主語★の定義を延々

★「水が飲みたいのは私だ」と同じような意味ですから、使える場面は相当限られています。

★一つ問題だと思うのは、主「語」だと言っておきながら、これが指しているのが「何が」という「文節」だということです。「何が」だと、「何」と「が」という二つの単語でできているんですから、これを「語」という名前でくくるのは納得いきません。

と書いても仕方がないのも確かです。

ですが、「は」が付いていたって主語じゃないこともよくあるんだよ、主語になるのは「は」を「が」に置き換えられる時なんだよ、ということぐらいなら難しくないんですから、きちんと教えてやってもいいのではないでしょうか。私にはずいぶん簡単なことに思えますし、そうしないから、「は」が付いていれば「車はもう洗った」の「車」でも主語なんだ、と思い込んだままの人が出てくるわけです。

「接続語」って「接続詞」と違うの？

「主語」のところでもちらっとお話ししたように、学校で教わる国文法では「太郎が」とか「イヌは」みたいな「文節」のことを「主語」と呼んでいます。でも文節っていうのは、単語が集まったものを言うはずだったんですよね。だったら主「語」と言うからには、「太郎」とか「イヌ」だけを指していたほうが、用語の使い方としては正確なんじゃないかという気がします。

こんな細かいことを指摘すると、まあもともと主語そのものがよく説明されていないんだから、そう堅いことは言いなさんな、と言われてしまいそうです。ですが、文節とか単語とかいうのは、日本語の文法を考えたり説明したりするための基本的な単位なわけです。こういう大切な単位の使い方がいい加減だということになると、どうも文法全体があやしいんじゃないの、なんていう見方が出てきたって、ちっともおかしくないということになりかねません。

こういうのって、デパートから和菓子の詰め合わせを贈り物として発送するのに、「十個入りの箱を五つ」送るように頼んだのに、実際には一ダース（十二個）入りの箱が送られていて、クレームをつけたら、「そうですかねー。当店では十個も十二個も同じなんでございますよ」なんて返事が返ってきたみたいな感じですよね。どうもこのデパートの商売は信用できないんじゃないかという気が、ひしひしとしてきそうです。

そういう、どうもいい加減な用語の使い方が、主語を教わったすぐ後にまたまた登場します。それが「接続語」というやつです。国文法では「暑かった。だから窓を開けた」の「だから」、「寒かった。しかし窓を開けた」の「しかし」は「接続語」と呼ばれます。ここまでだと、うん、なるほど、「だから」とか「しかし」っていうのは、文と文を「接続する」働きをしている単語だから「接続語」と呼ばれるんだな、なんていう感じで納得できます。

ところが次にいきなり、「暑かったので窓を開けた」「寒かったのに窓を開けた」のような文の「暑かったので」「寒かったのに」の部分も「接続語」です、という恐ろしい説明が出てくるわけです。ななななんと、「暑かったので」「寒かったのに」も「語」だったのかー、うぉー、と走り回りたくなりますよね。

「暑かったので」は、（考え方にもよりますが）「暑かっ」と「た」と「ので」という三つの単語が集まったものです。教科書にもちゃんと「接続助詞が付いて文節となるもの」と書いてあります。そして同じ教科書で、文節と単語は違うんだ、と最初のほうで教えているのです。それなのに、「だから」も「暑かったので」も、文と文をつなぐ働きでは同じなんだから、どちらも「接続語」なんだ、と言い切ってしまう態度、うーん、あまりにも割り切りすぎなんではないでしょうか。

「君たちー、原子が集まって分子ができているんだって教えたよね。それで、水の原子っていうのはさ、酸素原子が一つと水素原子が二つくっついて出来ているし、二酸化炭素の原子だと、炭素原子が一つと酸素原子が二つなんだよ」「せんせー、水とか二酸化炭素だったら原子じゃなくて分子なんじゃないんですか」「ああ、そうとも言うね。でも分子も原子も物質を作っている目に見えないちっちゃい単位なんだから、ま、どっちでもいいんじゃないのー」

なんていう形で理科の授業が行われていたりしたら、日本の科学技術の将来はとっても危ういように思えます。国文法の「接続語」の場合は、これほど極端ではないにしても、やっぱり一番基本的な単位の「単語」と「文節」をいっしょくたにしてしまうというのは、日本語の正しいしくみを教える文法としてはちょっと悲しすぎる気がします。「暑かったので」みたいな表現だったら、「接続節」なんて言い換えればすむだけなんですがね。

「修飾語」ですか？

国文法で教わる不思議な文法用語は他にもあって、私が一番気になるのは「修飾語」というやつです。「修飾」という働きをきちんと説明するのは、実は結構難しいんじゃないかと私なんかは思っているんですが、「ゆっくり歩く」の「ゆっくり」は「歩く」を「かざっている」ことばです、なんていうのは小学校の時から教わっていますよね。

こういう時に「かざる」なんていう用語を使うのは、もちろん「修飾する★」を簡単にしているわけです。ですが、普通「かざる」は「花をテーブルにかざる」とか「部屋を絵でかざる」みたいに、モノを「きれいに」する時に使うんでして、「ゆっくり」と言ったって「歩く」動作がきれいになるわけではありません。というわけでこの「かざる」という用語を使うのは、なんとなく気にくわないところはあるんですが、まあとにかく、「修飾」という考え方は、私たちにとって馴染みのあるものだということにはなるわけです。

さて国文法では、さっきの「ゆっくり歩く」以外にも、たとえば「すぐ来る」の「すぐ」、「とても涼しい」の「とても」なんかが修飾語だと言われます。修飾するというのは、簡単にいえばある単語の表している内容を、もっと細かく限定する働きです。

★英語だと**modify**で、これは「変更する」という意味ですから、少しは実際に近いかもしれません。

「ゆっくり歩く」だったら、「歩く」という動詞が表している「歩き方」が「ゆっくり」なんだ、という具合に、さらに限定した内容になっていますよね。

こういうふうに修飾という働きのことを考えるとすると、「すぐ来る」だったら、「来る」ことは来るんだけれども、それがいつかそのうちというんじゃなくて「すぐ」なんだ、という具合に「来るやり方」が限定されています。「とても涼しい」でも、「涼しい」ことは涼しいんだけれども、それはちょっと涼しいとか、まあまあ涼しいという程度ではなくて、「とても」涼しいんだ、寒いくらいなんだ、という感じで、涼しさの程度が詳しく表されています。

ですから、「すぐ」や「とても」が「来る」「涼しい」を修飾するんだ、というのは、修飾という働きのことが十分に分かっていなくても、まあ大体そういうところだろうという程度には理解できます。そして、「ゆっくり」「すぐ」「とても」なんかは、どれも一つの単語ですから、こういうのを「修飾語」と呼ぶということにも、特別の問題があるようには見えません。

ですが国文法の教科書には、「私には親切だ」の「私には」も「修飾語」です、「窓からの風」の「窓から」もやっぱり「修飾語」です、なんて堂々と書いてあるわけです。こうなると、さっきお話しした「暑かったので」を「接続語」なんて呼んでいたのと全く同じです。「私には」「窓から」なんてのは、どう見ても「文節」なんですから、こういうのを「修飾語」って呼ぶのは、やっぱり変なんじゃないでしょうか。

「修飾語」はずいぶんと幅が広いです

ま、単語じゃないのを「修飾語」と呼ぶなんていうのは、それこそ一応は単なる「呼び方」の問題ですから、これ以上文句をつけるのは我慢しておくことにしましょう。★

もっと問題だと思うのは、「ラーメンを食べる」の「ラーメンを」とか「学校に行く」の「学校に」のような語句も、やっぱり同じように「修飾語」なんだとされていることです。確かに、「食べる」と言ったって、それだけだと「誰かが何かを食べる」という、すごく漠然としたいろんなコトを表しているわけでして、そこに「ラーメンを」を付け加えれば、はい、「誰かがラーメンを食べる」という具合に、「食べる」だけの時よりも、表されるコトが限定されています。

ほーら、それだったら「ラーメンを」が「食べる」を修飾していると言ったっていいじゃないか、と言われても文句はつけられないような気もします。そのあたりではさっきの「ゆっくり」と「ラーメンを」の働きが似ていないわけではないんでしょうね。うーん、となると、この二つの語句を同じ名前で呼んでいる国文法は、意外に深いところまで語句の働きを見抜いているぞ、と言えなくもないわけです。

ですがもっとよーく考えてみましょう。たとえば「花子はゆっくり歩いた」という文の「ゆっくり」を取ると「花子は歩いた」という文になりますが、これだってどこから

★でも名は体を表す、ではありませんが、ある単位とか表現に付ける名前は、できるだけそういう表現なんかの性質を「端的に」言い表していたほうがいいと、私なんかは思うんですがね。

見ても立派な文ですよね。ということは、「ゆっくり」という単語は、ホントにこの文の中では「飾り」と言ってもいいくらいの、補助的な役割しかもっていないということになりそうです。

ところが「太郎はラーメンを食べた」という文から「ラーメンを」を取ってしまうと、「太郎は食べた」になってしまいます。これだけだとやっぱり「ええっ、何だって？　何を食べたって?」と聞き返したくなるのが普通です。つまり「ラーメンを」を抜かすと、この文はちゃんとした一人前の文ではなくなってしまうということになります。

別の言い方をすれば「ラーメンを」は、「太郎はラーメンを食べた」という文にとってなくてはならない「必須の」成分だということです。となると、「ゆっくり」みたいな、なくてもなんとかなる成分と、「ラーメンを」みたいなどうしても必要な成分を、同じ「修飾語」という名前で呼ぶことは、やっぱり問題なんじゃないかと思うわけです。

自動車の部品は、自動車を動かすためにはどれも大切なものですし、自動車全体の性質を決めるという点では、一応同じ働きをしているとは言えます。つまり自動車の部品はみんな、ある自動車の性質を「限定する」役割をもっているということです。ですがだからといって、カーステレオのスピーカーとかフォグランプなんかの部品と、エンジンやブレーキのような部品をどれも同じ種類なんだ、とするのはやっぱり変ですよね。

スピーカーとかフォグランプ★とかは、そんなのが付いていなくたって車は全然問題なく走れるわけで、極端に言えば「どうでもいい」部品です。まさに「飾り」の部品だと言っていいでしょう。一方でエンジンとかブレーキは、これがなければ車としては絶対に使えない「必須の」部品です。そして自動車の一番根本のところの性質を決めるのが、エンジンとかブレーキのような必須の部品なわけです。百万円のスピーカーを付けていたって、エンジンがポンコツだったら、その車はやっぱりポンコツでしかありません。

必須の部品とアクセサリー的な部品を、全部同じ種類の部品だとするのは、どう考えても不自然です。車検の時だって、アクセサリーがちゃんと動いているかなんてことは、検査の対象にはなっていないと思います。

というわけで、「ゆっくり」とか「すぐ」みたいな副詞と、「ラーメンを」とか「学校に」みたいな「名詞＋格助詞」というしくみの文節を、みんないっしょくたに「修飾語」なんだとしてしまう感覚は、うーん、やっぱりかなり問題なんじゃないでしょうか。

百歩譲って、さっきお話ししたように、どちらも「歩く」とか「食べる」といった動詞の表す内容を限定するという点で、同じ働きをしているんだと認めたとしても、コトバのしくみをきちんと説明するというのが文法なんですから、「ゆっくり」が「歩く」を修飾しているやり方と、「ラーメンを」が「食べる」を修飾しているやり方には違い

★ものすごく濃い霧の中だったら、フォグランプも役に立つことはあるでしょうがね。

があるんだ、ということぐらいは言っておいてもいいと思うのですが。

「活用」って覚えるだけなの？

文節とか主語とか、日本語の文全体のしくみに関係する用語の定義や使い方がどうもおかしいぞ、というの以外にも、国文法にはどっか変だぞというところはいくつもあります。その中でも一番目立つのは、「活用」ではないでしょうか。

日本語の動詞とか形容詞は、後ろにどんな単語が来るかで形が変わるという性質をもっていて、これを「活用」と呼ぶのでした。「行く」という動詞だったら、後に何もなければ「行く」ですが、後に「ない」が来れば「行か(ない)」だし、後に「ます」が来れば「行き(ます)」になるわけです。

こういう種類の活用は、私たちにとって一番身近な外国語である英語の活用とはずいぶん違います。英語だと、come〈来る〉の過去形はcameだよ、とか主語がJohnみたいな三人称単数の名詞で、現在形だったらcomesだよ、という具合で、時制とか主語の性質なんかで形が変わるのでして、後ろにどんな単語が来るか、なんてことは全然関係ありません。

というわけで、日本語の特徴の中では、こういう活用のやり方というのはとっても大切な部分なんでして、国文法でも重要な項目として取り扱われているのは当たり前です。はい、それはそれでいいんですが、教わる活用の表を見てみると、なーんとなく不思議なところが出てくるんです。

まずとにかく、「咲く」という動詞の活用表を見てみることにしましょう。

	未然形	連用形	終止形	連体形	仮定形	命令形
咲く	咲か・咲こ	咲き・咲い	咲く	咲く	咲け	咲け

多分日本の中学生の誰もが「咲かない」「咲きます」「咲く」「咲けば」「咲け」みたいにして、この五段活用の動詞の活用を覚えさせられたのだろうと思います。まあ、日本語を自由に使える人だったら、動詞の後に「ない」とか「ます」を付けるだけですから、順番さえ間違わなければ、誰だって動詞を活用させることはできるはずです。

名前も種類も不思議です

でも、私はやっぱり気に入りません。まず、これは他の言語学や日本語学を研究している人たちとも同じでしょうが、「未然形」とか「仮定形」っていう名前はどうにかならないかなー、と思っています。さっきもお話ししたように、日本語の活用で大事なのは、後ろにどんな単語が来るかっていうことでした。「連用形＝後ろに用言が来る」「終止形＝後ろに何も来ない」「連体形＝後ろに体言が来る」の三つは、後ろに何が来るか

が名前を見ただけでよく分かりますから、まあいいとしておきましょう。★

それから「命令形」、これは後ろに何も来なくて、それだけだと終止形と同じです。ですが、「咲け」だけで命令の意味になってしまうわけですから、この名前も仕方がないかなという感じです。

ところが「未然形」とか「仮定形」だと、後ろに他の単語がちゃんと来るわけです。それなのに、「未然＝まだ起こっていない」とか「仮定」なんていう名前だと、なんか「咲か」「咲こ」「咲け」なんていう活用形そのものに「まだ咲いてないぞ」とか「もし咲いたら」みたいな意味があるように思えてしまうじゃないですか。

もちろんそんなことは全然ないわけでして、「咲か」とか「咲け」だけでは、「何かが咲く」ことまでは表しても、それ以外の特別の意味を表したりすることはありません。「咲かない」とか「咲けば」というように、後ろに単語がくっついてはじめて、一応のまとまった意味が出てくるわけです。というわけで、未然形とか仮定形なんていう名前は、日本語の動詞の活用がもっている性質をちゃんと表したものではないんだ、ということになりそうです。

なんて文句はつけましたが、「咲け」★という形は後ろに「ば」が来る時にしか使われないんですから、「連ば形」なんていう身も蓋もない名前だけはやめようと思うなら、うーん、「仮定形」ぐらいしかないのも、ま、無理もないか、というところはあります。

★でもホントにいいわけではありません。連用形の後には、動詞や形容詞みたいな「用言」ではなくて、「ます」とか「た」みたいな助動詞が来るのが普通ですよね。

★命令形は別ですよ。後になんか来る場合ということです。

今が大事です

でも「未然形」のほうは、やっぱり許せないかなー、という感じです。まず「未然」という用語が難しいですよね。「事故を未然に防ぐ」なんていう言い方はありますが、そう普通に使うというわけではないと思います。それに、同じ未然形に「咲か」と「咲こ」という二つの形が含まれているのも、よーく考えてみるとおかしな気がします。

どうしてかというと、「活用形」っていうのは、一つの動詞がとるいくつかの違った形を分類したものだと思っていいでしょう。「咲く」だったら、「咲か」「咲き」「咲く」「咲け」「咲こ」という五つの違った形をとるので、そういう違った形に別々の名前を付けて「なんとか形」と呼んでいるわけです。だったら、「咲か」と「咲こ」は、どっから見たって違う形なんですから、別々の活用形に分類するのが一番理屈に合うんじゃないでしょうか。

それに、「咲か」の後には「ない」しか来ないわけですが、「咲かない」というのは、もちろん「この桜、まだ咲かないぜ」だったら確かにまだ起こっていないことを表しています。

ですが「この木には花は咲かないよ」なんていうのだったら、普通は咲かないんだという意味なわけですから、別にまだ起こっていないことだというわけでもありません。

★それで「五段活用」の動詞と言われるのでした。

他の動詞でも、「太郎は今家にいない」とか「花子は泳げない」とか、これから起こりそうだけどまだ起きていないことを表す、なんてこととは関係ない意味を表す「未然形」はいくらでもあります。

というわけで、「咲か」と「咲こ」を一つの活用形にまとめるのもおかしいし、「咲か」を「未然形」と呼ぶのもどうかなという感じです。大体、「咲か」と「咲こ」を一つの活用形にまとめているのは、古典語の文法では「咲かず」とか「咲かむ」みたいに、今風に言えば「ない」が後に来ても「う」が後に来ても同じ形だったからなわけです。要するに、「咲かむ」が「咲こう」に変わっただけなので、もとは「咲か」も「咲こ」も同じ「咲か」だったのなら、まあ同じ名前でまとめといていいんじゃないの、ということだったんだろうと思います。

でも古典語と現代語では当然違うんですし、違うんだったら文法も少しぐらい変えたっていいんじゃないでしょうか。実際、昔の「四段活用」を今は「五段活用」と呼び変えているんですし、「已然形」も「仮定形」にしてますよね。だったら、未然形なんていう名前はさっさとやめるか、「咲こ(う)」★のほうだけに使うことにして、「咲か(ない)」のほうは、あんまりよくはないですが「否定形」とかなんとかいう、新しい活用形にしたほうがいいと思うんですが。

服だって、太ったり痩せたり、背が伸びたり縮んだり(?)すれば違うのに変えるしかないんですから、コトバが変わってしまっているんだったら、文法で使う用語だって

★「咲こう」は、確かにまだ咲いていない、ということを表していますしね。

新しいのにしてもいいはずですよね。もとが同じでも違う二つの形になっているものを一つの活用形に入れてしまうというのは、体重百キロの人がウエスト六十センチのズボンをはいているみたいなもので、むむーん、見るからに苦しそうです。

「まい」って助動詞なの？

古典語の文法を、やっぱりその古いしわしわのままで使っているんじゃないかなー、と思えるのが、「まい」★という単語が「助動詞」なんだとしているところです。国文法には、助動詞っていうのは、「活用する付属語」なんだ、とはっきりと書いてあります。ところが、「まい」が活用なんかしないのは、みなさんご存じのとおりです。

活用しないんだったら、助動詞ではなくて助詞にでもしておけばいいと普通は思いますよね。ところが「まい」は「無変化型」（活用しない型）の助動詞なんだ、なんて堂々と説明してあるわけです。これだけだったら、特に頭の切れる生徒でなくたって、ほぇー、活用しないのに助動詞だなんて、「そうさ、ワインには本物のキャビアなのさ」とか言いながら、そこらへんのスーパーで買ってきたイクラ★を出すようなもんじゃないのー、と思ってしまうのではないでしょうか。

活用しないのに助動詞なんだというのは、素直に考えると明らかな矛盾なわけですから、少なくとも、それでも助動詞だとしたほうがいいんだ、という説明はほしいところ

★名古屋の人、「行こまい」（行こうぜ）の「まい」のことじゃないですよ。

★ま、イクラも魚類のタマゴでおいしいには違いないんですが、キャビアよりは安いです。

です。それなのに、活用しない「まい」は助動詞です、なんてさらっと書いてあるのは、うーん、一応文法っていうのは「理屈」なのに、全然理屈に合っていないじゃないですか。

また第2章でもうちょっとお話をするつもりですが、実は橋本進吉という昔の偉い国語学者は、「まい」は助動詞でいいんだ、と言っています。彼によれば、「から」とか「が」のような接続助詞は、「行きますから」とか「言われるが」みたいに活用する単語の後にしか来ないのだけれども、「行くまいから」とか「あるまいけれども」のように、「まい」の後にも「から」や「が」が来ることができるのだから、やっぱり「まい」も活用する単語と同じ仲間にしたほうがいいんだ、ということになります。

出身が問題なのです

そうですねー、確かに助詞だと「行きますよから」とか「あるのねけれども」とかは言えません。となると、「まい」も助動詞の仲間にしておいたほうがいいというのも分かります。つまり、「まい」というのは他の助動詞と使われ方が同じだから、活用しなくても助動詞にしておいていいんだ、ということなわけです。

でもそれだったら、「わけ」とか「こと」なんていうような「形式名詞」と呼ばれている単語は、格助詞の「の」と同じような使われ方をするんだけど、それはどうなんだ、と言いたくなります。「へー、それで花子は怒ったのかい」は「へー、それで花子は怒ったわけかい」と同じですし、「太郎が来たのは聞いたよ」は「太郎が来たことは聞いたよ」と同じですよね。★

だったら「わけ」も「こと」も格助詞の仲間に入れていいはずですが、国文法ではそうされていません。これは多分「わけ」や「こと」が、もともとは「訳」「事」という漢字をあてることができる名詞だったからだろうと思います。もともとは名詞で、由緒正しい昔からの格助詞「の」とは違うんだから、助詞の仲間になんか入れてやらないぞ、ということなんでしょうか。

ですから、使われ方だけで「まい」を他の助動詞と同じ仲間にするっていうのは、どうも納得がいかないわけです。それに、「まい」が助動詞に入れてもらえているのは、こっちはもともと「まじ」という、「まじから」とか「まじけれ」みたいな立派な活用形をもつ、れっきとした助動詞だったからなんだろうと思います。昔は助動詞で、使われ方もまあ変わってはいないんだから、活用という一番大事な特徴はなくなってしまったんだけど、よっしゃ、今でも助動詞にしておいてやろう、ということじゃないでしょうか。

という具合で、国文法で単語をどの品詞に分類するかというのは、一応の理屈はあっても、最終的には古典語★でどんな品詞だったのか、というのが決め手になっているような気もします。でもやっぱり、昔と今では日本語は変わっているわけで、今の日本語の

★もちろん、全く同じようには使えませんが、活用する単語の終止形の後に来ますし、後には「かい」とか「よ」みたいな終助詞が来るという点では全く同じです。

★ただ、説明のために古語を引き合いに出す、というのは悪くないのかもしれません。たとえば、過去の助動詞「た」の連用形は「たり」なんですが、なんで「り」がくっつくの？ なんていう質問には、それは昔「た」は「たり」だったからなんだよ、なんて言って答えれば、一応納得してもらえそうに思います。

文法は今の日本語を見るだけでちゃんと決めたいところです。昔どうだったかというのを今にまで引きずったりしていると、私しつこいの嫌いなの、なんて言われているのに、なー、おい、いいじゃないか、とつきまとっている哀れな男と同じになってしまうかもしれません。

「分類」は難しいね

「まい」が助動詞かどうかということについて、国文法にあれこれ文句をつけましたが、よく考えてみると、ある単語がどの品詞に属しているのかを決める作業というのは、要するに単語の「分類」ということなのです。で、分類っていうのは基本的には、たくさんあるモノを、いくつかの、できればあんまり多くない数のグループに振り分けるということですよね。

この「グループへの振り分け」なんていうのが、誰にも文句を言わせないくらいにうまくいくことはないんだ、というのは多分間違いないことだと思います。人間を「男」と「女」という二つの性に分けるなんていうのは、身体の特徴を見るだけじゃなくて、染色体を調べることでもできるということですから、結構厳密にできそうです。でもそれでも、男だか女だかはっきりと区別できないぞ、ということがあるなんてのは、オリンピックの時なんかに時々聞かれる話です。

つまり、人間を生物学的に二つのグループに振り分けるというのでさえ、いつも簡単にいくというわけではないということです。それに普通の分類だったら、たとえば人々の職業を分類するとか、出身地別に分類するとかいった、もっとずっと複雑な要素が関係してくるものですよね。こういう場合、普通は工場で働いているけど、週末は農業をやっている人の職業はどうするかとか、生まれたのは大阪だけれど、一年ですぐ北海道に移ってそこで二十年暮らしている人の出身地を大阪★にしておいていいのかとか、分類する時に問題になりそうなことがいくらでも出てきます。

という具合で、分類というのは多分、どうやっても完璧にはいかないようになっているんだと思います。単語を品詞に分類するというのも、ですから、どの品詞に属しているのか決められない単語がいくらかあるっていうは、仕方がないことなのかもしれません。

しかも、名詞だの動詞だの形容詞だのの「品詞」というものは、もともとはギリシア★の文法家たちが、ギリシア語の単語を分類するために考えたものなわけです。この分類がとっても立派なものだったので、それが二千年後の日本でも使われ続けているのですが、そういうどちらかというと長い間の習慣で、品詞というのは大体こういったもんなんだ、ということが決まってきたということなんです。

ですからそれだけに、「名詞はこれこれの性質をもっている単語で、それ以外の単語は絶対名詞ではありません」なんていう感じの、ものすごく厳密な定義が、品詞につい

★法律の上では大阪でいいんでしょうが、出身地とその人の生活習慣やコトバ使いの関係を考えたい時なんかには、そう機械的にはいきません。

★ギリシア語の文法家としては、ディオニュシオス・トラクスという人が一番有名です。

て出来上がっているなんてことは、どうもないようです。

国文法の「名詞」の定義は、自立語で活用がなくて、主語になって、物事の名前を表す、ということになっています。これだって、前にもお話ししたように、「自立語」とか「主語」が何かということはよく分からないのですし、「物事の名前」なんていうのも、うーん、分かるようで分かりません。「美しさ」とか「快楽」なんていうのが「物事」って言えるのかなー、なんて考えてしまいます。

そういうわけで、まあ結局のところ、「まい」を助動詞にしていいのかっ！ なんていう文句をつけるのは、品詞分類というものの本質がよく分かっていない人間のやることなのかもしれません。

副助詞って一体……

でもやっぱりねー、品詞に分類するというのは、文法では大切なことなんですから、ちょっと見ただけでおかしいなー、と思ってしまう分類は、できればやらないに越したことはないだろうと思います。

そもそも文法っていうのは、コトバの「決まり」がどうなっているかを表したものなわけです。もちろんコトバがとてつもなく複雑★なものである以上、その決まりも数学の公式みたいにいつでもどこでも正しく当てはまるということはありえません。ですが、

★複雑なのは、コトバが意味を表すからなんですが。

助動詞だったら活用しますと言っておきながら、すぐ後で、でも助動詞で活用しないやつもあるんでしたー、なんて、特に説明もなしに言い直すのは、いくらなんでも少し不親切すぎるんじゃないかと思うのですが。

ただ、助動詞だけれども活用しない単語というのは「まい★」と「う／よう」だけですから、よく分からないけど、まあこういう例外もあるんだろうな、仕方ないか、「まい」と「う／よう」だけ仲間外れじゃかわいそうだしな、という感じで黙認してやってもいいかもしれません。

助動詞に比べると助詞のほうの分類は、一見しておかしいぞというところは見あたりません。格助詞、接続助詞、副助詞、終助詞という分類も、大体のところは理解できそうです。格助詞は「イヌが」とか「トラを」みたいに名詞の後に来ますし、終助詞は「〜ですね」とか「〜なんだよ」のように文の最後に来るわけですから、こういうのは割と簡単に見分けられます。接続助詞も、「風邪をひいたので」とか「テレビを見ながら」のような感じで、助動詞とか動詞の後に来て、確かに前後の部分を「接続する」働きをしているんだなー、ということが直観的にも分かりそうな気がします。

さてここまではいいのですが、もう一つ残った「副助詞」というのだけは、どうも性格があいまいな感じがします。国文法の教科書には「いろいろな語句について、連用修飾語としてのいろいろな意味をそえる」と書いてあります。うーん、国文法の立場だと「本を」とか「暑かったので」みたいに、格助詞とか接続助詞が使われているのも連用

★考えてみるとこの単語、話しコトバではほとんど使われませんよね。しばらくすると日本語からこの単語がなくなるというのも、あながちありえないこととも言えますまい。

修飾語のはずですよね。

だったら、副助詞についてのこの説明だけだと、文の最後に来るんじゃないので終助詞じゃないし、格助詞とか接続助詞みたいにくっつく単語の種類が決まっているわけでもない助詞を、えーい、面倒だ一つにまとめてしまえ、名前？ うーん、そうね、「余り助詞」だとかわいそうだから、「副助詞」にでもしといてやろうか、ということだったんじゃないかと想像してしまいます。

他に「副」の付く品詞には「副詞」があります。ですが、これも「用言を修飾する」なんて定義してありながら、「ずいぶん昔」とか「もっとはっきり」みたいに、用言（活用する単語）ではなくて、名詞とか他の副詞を修飾することも普通にあるわけです。副詞っていうのは活用しませんし、名詞みたいに助詞を付けることもできないので、どうも説明が難しいようです。ということは、一応自立語なんだけれども他の品詞に入れ★られない単語を、「副詞」という名前で一つにまとめたんじゃないかと思えるわけです。

分類の基準をはっきりさせてください

ま、そういう具合で、「副」が付いている品詞は今ひとつ正体不明のところがあるようです。大体「副」っていうのは、「副委員長」とか「副主任」みたいに、「一番じゃな

★こういうことは、実は日本語の文法だけではなくて、他の言語でも似たようなもんなんですが。

くて二番」という意味で使われるんですよね。だったら「副助詞」っていうのは、ホントの助詞じゃない、それこそやっぱり「余りの」助詞ということになってしまいそうです。

ですが副助詞の中には、助詞の中で「一番」よく使われる「は」が入っているんでして、こんな大事な助詞が入っているのに「余り」なんだっていうのは、お米の御飯を「副食」でーす、と呼んでいるようなもので、お前それでも日本人か！　と一喝してやりたくもなろうというものです。

実際、国文法の「は」のところにあげられている例文を見ると、「失敗は成功のもと」とか「私は行きません」とか「ポチはイヌで、タマはネコだ」みたいなのが多くて、これだけだと格助詞と区別がつきません。なぜかというと、この三つの文で使われている「は」を「が」に取り替えても、意味はちょっと変わりはしますが★、「失敗が成功のもと」「私が行きません」「ポチがイヌで、タマがネコだ」という文だったら、基本的には「は」を使った時と同じような内容を表しています。

こういうのだけ見ると「だったら格助詞と副助詞とどこが違うのー？」という疑問が出てくるのが当たり前じゃないでしょうか。どっちも名詞の後に来るし、どっちも主語★を表すことができるのに、どうして「が」は格助詞で「は」は副助詞だっていうことになるのか、このままでは分からないはずです。

多分もうお分かりのみなさんも多いと思いますが、「は」だと、「東京には行きません

★意味がどう変わるかというのが、文法では大事なのですが、これについてはまた第3章でお話しします。

★ここのところ、ホントは問題ありなんですが、国文法ではそう教えているのでこのままにしておきます。

でした」みたいに格助詞の後に来ることができますし、「悲しくはありません」とか「テレビなんか見てはいないよ」みたいに形容詞とか動詞と一緒に使うこともできます。こういう使い方は「が」にはできないんですから、やっぱりどう見ても「は」は「が」とは違うんだということにはなりそうです。

もちろん、それだったら形容詞とか動詞に「は」が付いた時にはどういう働きをするのか、という質問にも答えられるようにしておかなければならないことになります。これはちゃんとやろうとすると結構（というか相当）難しいので、とりあえず学校では教えなくてもいいような気がしますが、とにかく「は」を「が」とは別のグループの助詞に分類するのがいいんだという説明くらいは、国文法でもしておいていいのではないでしょうか。

格助詞と副助詞を分ける基準が、こういうふうに使い方をもとにしているのだということがちょっとでも説明してあったら、「コーヒーや紅茶を飲んだ」と「コーヒーとか紅茶を飲んだ」の二つの文の意味は同じなのに、どうして「や」が格助詞で「とか」が副助詞なの？　なんていう素朴な疑問も解決するわけです。

「や」だと名詞の後にしか来ないのに、「とか」だと「ディズニーランド★に行くとか、東京タワーに上るとかしたいなー」みたいに動詞の後にも来ますし、「劇場だったら、宝塚大劇場とかがいいんじゃない」みたいに、「とか」の後に他の助詞を使うこともできます。「ディズニーランドに行くや……」とか「宝塚大劇場やが……」などとは絶対

★私はディズニーランドより、豊島園（東京都練馬区）みたいな古典的遊園地に好んで行きます。狭くて歩き疲れないからいいです。

に言えませんから、こういう説明だと、ほほー、意味は同じようなもんだけど、やっぱり「や★」と「とか」は違うんだなー、ということが分かるだろうと思います。

国文法を分かりやすく、面白くしよう

国文法を学校で勉強するのは、ま、一応は自分たちが普段使っている日本語がどんなしくみになっているのかを知りましょう、ということが目的なわけです。となるとそのためには、文節だの単語だのの単位のことは、説明の前提として知っておく必要はありますし、どの単語がどの品詞に分類されるのかとか、動詞とか形容詞とか助動詞とかがどういうふうに活用するのかというのも、日本語の大切な性質の一つですから、これも勉強する価値も必要も大いにあります。

そのへんの、勉強しなければならない項目についての基本のところは、何十年も学校で教えられているわけですから、さすがに国文法はきっちりしているとは思います。ですが、文法というのは、(他の学問も同じだと思うんですが)はい、これが絶対に正しいんですよ、という具合に「天から」与えられたものなんかではないんでして、要するにいろんな学者が頭をひねって考え出した「理屈」なわけです。

あんまり理屈、理屈というと、数学と同じみたいになってしまって敬遠されてしまいそうなんですが、とにかく説明にはそれなりに筋が通ったところが必要で、頭から覚え

★もっとも、「や」と「とか」の分類が違うのはどうしてだろー、なんていう疑問をもつ中学生がいたら、もうそれですっごく珍しいのではないでしょうか。たいていは「『や』は格助詞で、『とか』は副助詞なんだな、よっし覚えたぞ。これで国語の試験はいいかな」みたいな感じでおしまいのようですから。残念ながら私もそうでした。

ろ！　という態度でやるのはあんまりふさわしくないと思います。

ですから、今までお話ししてきたように、文節だの単語だのといった、説明の基本になる単位を決めるための基準は、できるだけ矛盾のないものにしたほうがいいでしょうし、活用とか「格助詞」「副助詞」とかいった、どこかに「分類」という作業が入ってくるところでは、その分類の基準が分かるようにしておいたほうがいいんじゃないか、と私なんかは考えるわけです。

そこらあたりについては、今学校で教えられている国文法には、もっと考えてほしいなー、と思わないではいられません。それから、どうせ文法を勉強するんだったら、日本語について「不思議なところ」があったら、それに対して答えてあげる、みたいな項目があってもいいのではないでしょうか。一番有名な「が」と「は」の違いなんかはそうでしょうし、他にも、形容詞とか「泳げる★」「書ける」などの「可能動詞」には命令形がない、と教わるわけですが、それはどうしてか、なんていうのもありそうです。「はずだ」と「に違いない」の意味はよく似ていますが、「千円出したからおつりは二百円のはずです」とは言えても「千円出したからおつりは二百円に違いありません」とは言えないのはどうしてだろうか、なんてのも不思議なところです。

こういった疑問を自分で考えつく生徒は（多分）あんまりいないでしょう。ですが、「花子が美しい」と「花子は美しい」の意味はちょっと違うだろ、どこが違うんだろう、そしてそれはなぜなんだろう、なんて感じで「日本語のフシギ」を教えてやって、それ

★可能動詞に命令形がないのは、泳げない人に「泳げろ」と命令したって、今すぐ泳げるようになれるわけはないというだろうと思います。命令文をちゃんと使えるための条件が整っていないからだろうと思います。「食べろ」だったら、誰にだって食べることはできますから、命令する意味はあるわけです。

に対する考え方を示してやったりすれば、文法ももうちょっと面白くなるんじゃないでしょうか。

第2章

国文法はどのように考えられてきたか

『日本語練習帳』で勉強したら、日本語わかるようになるかな？
…んなワケないか

第1章でお話しした「国文法」というのは、大体が中学校で教えられるものでして、だから日本語についての「学校文法」とも呼ばれています。もうお忘れの方も多いとは思いますが、高校で勉強する文法といえば英語の文法だけなんでして、日本語の文法は教わりません。そして大学に入ってしまえば、文学部の国語学科とか外国語学部の日本語学科とか、とにかく専門的に日本語のしくみを研究するところでなければ、日本語の文法に触れる機会はありません。

というわけですから、大部分の日本人にとって中学で国文法を教わるっていうのは、自分たちのコトバのしくみについて勉強するほとんど唯一の機会なんでして、だからこそ、できるだけ説明が分かりやすくて、おかしなところもないものだったほうがいいと思うわけです。さっきも申し上げたように、国文法はもう何十年★も学校で教えられ続けていて、まあ大体のところはきちんと整っているとは思います。

ですがやっぱり、よーく考えてみるとおかしいぞ、と思えるところは結構あるわけです。これはどうしてなんだろー、と考えてみると、はい、何といってもこの国文法を作った学者たちに行き着いてしまうのが当然ですよね。もちろん、「学者の文法」となると、それぞれの学者たちが考えた文法というのはみんな★違うのでして、誰か偉い学者が一人で国文法を作ったんだ、なんてことはありません。

国文法だったら、それこそ江戸時代の本★居宣長とか契沖あたりに始まる長ーい研究の歴史があって、そういう学者たちの研究の成果が積み重なって今のような形になってい

★長く続いていればみんないいんだ、ということではないのですが。

★前にもお話ししたように、文法は「理屈」ですから、考え方によって違うところはどうしても出てきます。

★本居は江戸中期、契沖は江戸前期に活躍した偉大な国学者です。

るわけです。とはいえ、やっぱり今の国文法に大きな影響を与えた学者というのは当然いるんでして、となると、国文法で、問題じゃないかなー、と思えるところについての責任は、そういう偉い学者さんたちにとってもらおうじゃないか、なんて考えたくなります。

そこでこれからは、私たちの国文法の「もと」を作ってきた人たちのことについて少しお話しすることにしましょう。

「文節」の橋本進吉

今のような学校文法が作られるのに一番大きな影響があった国語学者は、橋本進吉★だと言われています。彼の前にも、大槻文彦とか山田孝雄★とか松下大三郎などという偉い国語学者が、日本語の文法のことを研究していて、もちろん橋本進吉もその人たちの業績を大いに参考にしているのですが、そのへんのことは国語学の歴史について書かれた他★の本を見ていただくとしましょう。

さてそれで、第1章の最初のところでお話しした「文節」という用語を一番はじめに使った人が橋本進吉なのでした。「太郎は花子と映画に行った」なんていう文があったとして、それを最初にまあいいからいくつかの単位に分けてみろ、と言われたら「太郎は」「花子と」「映画に」「行った」と分ける人は多いでしょう。ですから、こういう

★【はしもと・しんきち】一八八二—一九四五。福井生まれ。

★「たかお」ではなくて「よしお」と読みます。

★そういう内容の本で、私が分かりやすい（と言ってもかなり専門的ではあるのですが）と思うのは、山口明穂編『国文法講座 **1** 文法の体系』（明治書院）です。

単語の集まりが、「太郎」「は」「花子」「と」のような単語よりは大きくて、文の意味とか構造を考える時にはまず考えなければならない大事な単位なんだろうな、ということは分かるような気がします。

確かに文節というのは、日本語の文法では大切な単位です。そうなんですが、ここでちょっと申し上げておきますと、橋本進吉が言っているように、文のすぐ次に来る単位が文節だとするのはちょっと問題じゃないかと思います。たとえば「私の妹は赤い服を着ている」という文を、まず「自然に」いくつかの部分に分けてみましょう、と言われたら、「私の妹は」「赤い服を」「着ている」みたいに分ける人も結構いるのではないでしょうか。

もちろん国文法の勉強をじっくり（?）やった経験のある私たちだったら、やっぱり「私の」「妹は」「赤い」「服を」「着て」「いる」という具合に、つい文節に分けてしまうだろうとは思います。ですが、「私の妹」と「赤い服」が何となく一つのまとまった部分なんじゃないかなー、というのは誰しも思うことでしょうし、「着ている」だったら、これを「着て」と「いる」に分けるほうが変だ、と思う人のほうが多そうです。

これはコトバの専門家が考えたって同じなんでして、もっと言えば「私の妹」に「は」が付いた「私の妹は」、「赤い服」に「を」が付いた「赤い服を」みたいな部分のことをまずは考えたほうが、いきなり文節に分けて、はい、これからこの文★のしくみを考えましょう、とするよりもずっとよさそうです。

★「私の妹は」「赤い服を」みたいな単位を「名詞群」と呼べばいいんじゃないかと思っています。

ここらへんのことは、もちろん橋本進吉も分かっていたはずで、だからこそ私たちも勉強した「連文節」なんていう単位を考えたわけです。要するに、「私の」と「妹は」が一緒になって「私の妹は」というもっと大きな単位（連文節）になり、「赤い」と「服を」も、やっぱり組み合わさって、「赤い服を」という連文節を作るということです。でも、「私の」とか「赤い」は、それぞれ「妹」と「服」だけを修飾するんだ、と考えたくなるのが普通なんじゃないでしょうか。実際、「私の妹」とか「赤い服」の全体を、「彼女」とか「それ」みたいな代名詞で置き換えることができるわけです。そうなると、こういう連文節という単位は、ホントはきちんと結びつけられない二つの文節を、仕方なく無理矢理一緒にさせたものなんじゃないの？　という感じがしてきますよね。そのへんのお話は、また次の章でもうちょっと詳しくすることにしておいて、橋本進吉が考えた文節のことを見てみることにしましょう。

文節はいつも続けて発音されるんです

橋本進吉の『国語法要説』★という本には、文節は「文を実際の言語として出来るだけ多く区切った最短い一句切」のことなんだと書いてあります。うむーん、文節ってこんなんかあー、っていう感じですね。要するに文をできるだけ細かく区切った単位ということのようですが、でもこれだけだと単語★とどこが違うんだろー？　と思いません

★私が見たのは、『橋本進吉著作集』という十二巻本の一冊の中に入っているやつです。最初は一冊の本の形で出ました。

★言語学をやった人だったら、これって一番小さな記号である「形態素」の定義なんじゃないの、と思ってしまいそうです。

か。

多分途中の「実際の言語として」という部分が大いに重要なんだろうな、と想像するしかないわけです。ですが、「言語として」とか何とか言われたって、前に書いてある言語の定義は「一定の音声に一定の意義が結合したもので、人々が自己の思想を発表し、他人に知らせる為の手段として用いるもの」なんていう、はい、間違いではありませんが、文節が何なのかを知るためには、ずいぶん大ざっぱなものでしかありません。

橋本先生も、もちろんこれだけですませているわけではありませんで、文節を「形の上から」見てみると、次のような特徴があるんだとしています。まず一つは、いつも続けて発音されて、途中で音の切れ目がないものだというものです。それから、これと同じだとしか思えないんですが、前と後に音の切れ目を入れることができる、というのがあります。いつも続けて発音される単位が文節だとすると、文節より長い語句は、「いつも続けて発音されるわけではない」わけですから、当然文節の前とか後には切れ目を入れようと思えば入れられるぞ、ということでなくてはならないはずですよね。

うーん、でもこの「続けて発音される」っていう基準、やっぱりよく分かりません。さっきお話しした例の「着ている」なんていうのだったら、普通の会話では「着てる」になってしまうわけですから、いつも続けて発音されているはずです。

だったら「着ている」は一つの文節だということになりそうですが、残念ながらこれは二つの文節から出来ているんでした。他にも「この本は」なんていうのだったら、

「この」と「本は」の間に切れ目を入れて発音することなんて、普通の会話ではほとんどないんじゃないでしょうか。はい、国文法で教わったように「このネ本はネ」みたいに、「この」と「本は」の間に「ね」★を入れることはできるようです。だとすると、「この本は」というのは「いつも」続けて発音されるわけじゃないんだから二つの文節から出来ているんだ、としてもいいということになるのかもしれません。

ですが、みなさんも時々はやられるように「このお菓子、あんたにあーげ……」と言った後で、意地悪そうに「ない」なんて言うことがあるわけです。となると「あげない」というのも、「いつも続けて」発音されるとは限らないぞ、そうすると「あげ」と「ない」でそれぞれ一つずつの文節なんだろうな、なんていう理屈だって言えそうな気もしてきます。

もちろん私だって、「あげない」ぐらいなら一つの文節なんだという意見に文句はありません。ただ、続けて発音するかどうか、なんていう特徴は、結局のところずいぶんあやふやなものでしかないように思います。大体、「音」というのは単語だの文節だのといった、コトバを作っている「記号」(音と意味が結合した単位のことです)の一つの側面に過ぎないわけで、音だけを取り上げて「続いているぞ」と言ったって、もう一つの大切な側面である「意味」のほうも、やっぱり「ひとまとまりで分けられないんだぞ」ということが説明できなければ、やっぱり文節というものの本質を明らかにすることはできないんじゃないでしょうか。

★私は「このね本はね面白いよ」みたいな言い方はまず絶対しませんが。

ちょっと分かりにくくなってしまいました。でもとにかく、橋本進吉が言うように、文節が「実際の言語として」それ以上分けられない単位なんだったら、そういう文節の性質から、「いつも続けて発音される」という性質がきちんと導き出されてくるんだ、ということの説明ができない限りは、文節っていうのはなんとなく続けて発音されるようだねー、みたいな感じの単なる「印象」がここで言われただけだということになってしまいそうな気がします。

文節は天から与えられたものです

文節の特徴は他にもあげられていて、一つはそれぞれの文節にとって、決★まったアクセント（音の高低のことです）のタイプがあるということ、もう一つは、いわゆる鼻濁音（発音記号だと[ŋ]で書かれる音のことです）が文節の最初には来ないとか、「ん」以外の子音は文節の最後には来ないというような、音についての制限があるということです。

はい、確かに橋本進吉が「これが文節だぞ」と言っている単位については、こういう特徴があるということは言えそうです。でもたとえば「私なんかー、『宇多田ヒカル、はー、けっこおー、かわいい、ねー』みたいにー、言っちゃうんですけどー」なんていう、ちょっとトロイかもしれない女の子がいないとは限りません。とにかく、そういうふうに名詞と助詞の間に切れ目を入れることだってできるんだ、と強く主張する人がい

★「箸」と「橋」は、これだけでも「ハシ」と「ハシ」（高いほうの字に傍線を付けています）のような高低の区別がありますが、文節のレベルでも、「この箸が」だと「このはしが」になりますし、「この橋が」だと「このはしが」になりますから、やっぱりアクセントの区別があります。

たとしましょう。で、名詞にはそれぞれ決まったアクセントがありますし、鼻濁音が最初に来ることもありません。

となると、「山が見える」とか「イヌがほえた」とか「宇多田ヒカルはかわいい」とかいう文の中にある「山」「イヌ」「宇多田ヒカル」だけでも一つの文節だということになってしまいます。でも橋本進吉にとってはこんなのは文節ではないわけで、だからと言って、いやこれも文節じゃないか、と言い張る人に対しては、「ふむふむ、よく考えたな。だがな、「宇多田ヒカル、はー」なんてのは、日本人として言っちゃいけないことなんだよ。これからは言わないようにしようね」とかなんとかごまかして言いくるめる以外には、最初に決めた文節を認めさせる方法はないだろうと思います。

こういうふうになってしまうのも、文節という単位が、なんか、神様がくれた贈り物みたいな感じで、最初から自然に決まってしまうものにしてしまったからではないでしょうか。どんな文についても、誰がやっても全く同じように文節に分けられまーす、なんてやり方で文節を定義しておいて、はい、それでは文節を実際に発音してみるとこういう特徴がありますね、と言ったって、うーん、完全に納得しろというのが無理な話です。

こんな感じで話を進めていいんだったら、たとえば（橋本先生にはかなり失礼になって申し訳ないのですが）「人間の性格にはA型、B型、O型、AB型の四種類しかないんです。もう決まってるんです。だってほら、血液型がB型のあなた、結構自分勝手で

★ただ、日本語みたいな言語には、今考えているような文節とは少し違いますが、文節みたいなものがなければならないんだ、ということはきちんと証明することができるのではないかと思っています。

しょ」なんて言うだけで、もう血液型性格分析が正しいことになってしまいそうです。でも誰だって自分勝手なところはあるわけですから、こんなのが当てはまったって、血液型と性格の間に関係があるなんてことが証明されたことにはなりませんよね。

もちろん橋本進吉の言っている文節の特徴はこんなにいい加減ではないわけですが、とにかく文節というものを、誰にも反論できないような形できちんと決めておかない限りは、どうしても今お話ししているような問題があれやこれやと出てくるだろうと思います。

それに、第1章でもお話ししましたように、橋本進吉の文節の考え方が、大体のところそのまま、学校で教えられている国文法に取り込まれているわけです。となると、学校文法に書いてある文節がよく分からないものになってしまっているということには、橋本進吉にも結構責任があるんじゃないのかなー、と考えないわけにはいきません。

自立語と付属語の区別は疑いようのないものです

さて次には、国文法でやっぱりよく分からなかった「自立語」と「付属語」というのが、橋本進吉の考えではどう取り扱われているのかを見てみましょう。

少し復習しておきますと、国文法で教えられていたのは、自立語はそれだけで文節を作ることができる単語で、付属語はほかの語と一緒でなければ文節を作ることができない単語だということでした。ところが文節っていうのが何なんだかよく分からなくて、自立語が一つあるのが文節なんだ、みたいにして教えられているので、そうなると自立語っていうのは、「自立語が一つある単位を作ることができる単語」なんだということになってしまい、「イヌはイヌである動物です」なんて言っているのと同じじゃないか、ということだったんでした。

橋本進吉は「自立語」「付属語」という名前は使っていなくて、自立語を「第一種の語」、付属語を「第二種の語」と呼んでいます。でも「第一種」とか「第二種」なんていうのだと、名前を見てもその正体がはっきりしませんから、これからも「自立語」「付属語」という名前を使っていくことにしましょう。

橋本にとって、文節が何なのかというのは、もう疑いようがなく決まったものです。ですから、「山」かい?、うん、これは「山、それは人が登るためにある」なんていう文では、この単語だけで文節になってるだろ、だから自立語なんだよ、とか、「です」?、これは助動詞で「本です」みたいにいつも他の単語と一緒になってしか文節を作れないよね、だから付属語なんだよ、みたいに、どんな単語でもすっぱりと自立語と付属語に気持ちよく分かれることになります。

橋本進吉が「副用言」と呼んでいる「この」「その」のような、学校文法で言う「連体詞」なんかだと、実際にはいつも名詞と一緒にしか使われないことは確かなんでして、となるとこういうのを自立語にしていいのかなー、と思わないではありません。ですが、とにかく「この」「その」だけで一つの文節を作れる、ということになっているんですから、堂々と自立語だとしてよいことになります。

まあこういう具合で、自立語と付属語の分類なんてのは、橋本進吉にとっては、後は何を言ったって平気だよ、てなもんです。だから、自立語は「形の上からは独立することもできるけれども、独立しないこともある」なんていう、よーく考えると、ずいぶんいい加減な言い方をしたっていいわけなんです。なぜって、どの単語が自立語かっていうのについては文句をつけられないんですから、あとその自立語がどういう特徴をもっているか、なんてのについては、少しぐらいぼやっとしたところがあったって構わないからです。

さっきの血液型性格分析の例を使いますと、「B型人間」というタイプが世の中に厳然として存在するのだということを認めてしまえば、そのB型人間の中に「几帳面」★だとされる人が少しくらいいたって、どうということはありません。B型人間にだってたまには几帳面な人もいるさ、ぐらいですませておけばいいわけです。

でも、ホントに血液型で性格の分類ができるの？　と疑っている人にとっては、そんなことではすまされませんよね。その人たちには、血液型と性格に関連があるということ自体が疑わしいわけですから、同じ血液型の人にいろんな性格があるということは、ほーら、やっぱりB型人間なんていう性格のタイプなんかないじゃないか、という証拠にだってなってしまいます。

★これはA型人間の特徴でしたかね。

話をもとに戻しますと、どの語句が文節なのかよく分からないじゃないか、と考えている私たちにとっては、たとえば「この」だけで独立して使われるということはありませんから、これを一つの文節と言っていいのかどうかということがまず問題なわけです。それで、もしこれが文節じゃなかったとすると、「この」を自立語だとするのはおかしいぞ、ということになります。

ですから結局のところ、どの単語が自立語で、どの単語が付属語かを決めるそのおもとになっている「文節」っていうのが何なのか、をやっぱりきちんと決めておかないことには、自立語と付属語の区別もよく分からないものになってしまうということです。国文法で自立語と付属語を区別する基準がはっきりしなかったのは、やっぱりどうもここらあたりに原因があったんだろうなと思っていいのではないでしょうか。

「詞」と「辞」の区別

国文法でいう「自立語」と「付属語」は、国語学では伝統的に「詞」と「辞」などと呼ばれていまして、橋本進吉も第一種の語は「詞」、第二種の語は「辞」と呼ぼうじゃないかと言っています。まあ用語は分かりやすければ何でもいいのですが、「詞」と「辞」という用語は後でも出てきますから、一応は頭の中に入れておいてください。

実は言語学でも単語の分類をするのに、名詞とか動詞などの実質的な内容を表す「内容語」と、助詞★とか助動詞のような文法的な機能をもつ「機能語」という二つの区分をしています。ということは、「詞」が内容語にあたり、「辞」が機能語にあたるということでして、国語学でいう詞と辞の区別は、日本語だけでなくて世界の他の言語にも当てはまる一般的なものだということなのでしょう。

ただ、言語学のほうが国語学よりエラいなんてことはありませんから、言語学で言われていることと同じだからといって、詞と辞の区別が、よしよしよく考えたぞ、それでいいんだ、なんてことになるはずもありません。実際、詞と辞、内容語と機能語の区別なんてのは、要するに単語の働きを「分類」したものなんですから、前にも申し上げたように、分類である以上はどうやったって完全なものにはならないわけです。

大体「実質的内容」とか「文法的機能」とか言ったって、たとえば「もし」なんていう「接続詞」は、普通は内容語のほうに分類されるんだと思います。ですがこの単語は「もし僕が鳥だったら」みたいに「条件」を表す表現を作る時に使われるだけで、それ以上の内容を表したりはしません。だったら単語の働きとしては「ば★」という接続助詞と同じなわけで、働きだけからすると機能語に分類したほうがいいくらいなものです。

という具合で、内容語と機能語、詞と辞なんていう分類は、ホントのところは結構いい加減なところがあるんだと言ってもよさそうです。とはいえ、文法をやるのに単語を「名詞」だの「動詞」だのの品詞に分類することはどうしても必要なわけで、そういう品詞の働きの性質を分かりやすく説明するためには、詞とか辞のようなもっと大きい単

★英語なら冠詞とか前置詞もありますね。

★「鳥ならば」の「ば」です。

語の分類も、やっぱり重要なことだと言えます。

たとえば「太郎は花子に花を贈りました」という文があったとして、はい、この文を作っている単語はどういうやり方で並んでいるのですか、なんていう、専門的には文の「構造★」を考える場合だって、「太郎」「花子」「花」が「名詞」で、「贈り」が「動詞」だ、なんてことはまずもって最初に言っておかなければならないことですよね。そしてそういう「内容語」つまり「詞」の後ろに、「辞」に分類される「は」「に」「を」のような助詞とか、「まし」とか「た」のような助動詞がくっついて、全体として日本語の文が作られるんです、みたいな形で説明するのが、とりあえずは一番分かりやすい文のしくみの表し方だろうと思います。

というわけで、あれこれ文句をつけてはいますが、単語を詞と辞に分類するというやり方そのものは、日本語の文法を考える上で大切なんだ、ということは確かだろうと思います。ですからそれだけに、文節っていうのは誰でも自然に分かるもので、その文節を単独で作ることができるのが自立語なんです、みたいな最初から正確さを欠いた定義は、できればしないほうがいいと思うわけです。

また後でお話ししますが、文とか文節のような、単語よりも大きな単位をいきなり決めるのはやっぱり誰にとっても難しいので、単語★から始めて、そこから文節や文を定義していく方法のほうが、多分もっと問題のない形で単語より大きな単位を特徴づけることができるのではないかと思います。

★文中の単語が並んでいる規則が分かるように表したもののことです。

★あるいはもっと小さな単位の「形態素」。

あのソシュールを批判した時枝誠記

さてそれでは次の学者として時枝誠記★のことをお話しすることにしましょう。時枝は、どんな国語学者でもそうなんだろうとは思いますが、とりわけ「コトバ」っていうのは一体何なんだ、ということを一生懸命に「自分で考えた」学者だと思います。そういうところは曲がりなりにもコトバのことをあれこれ考えている私としては、結構気に入っているわけです。

ただ、考えるということは、別の言い方をすれば「理屈っぽい」ということなんでして、理屈っぽければどうしても話が抽象的になってしまいます。ですから、学校で教える国文法のような、基本的には具体的な例をもとにしてできるだけ分かりやすく分類してみよう、みたいな心構えのやり方とは違ったものになるのはいたし方ありません。多分そういう理由で、時枝の考えたことはあんまり国文法の中に取り入れられてはいないんですが、偉い国語学者として『日本文法』★とか『国語学原論』★なんかの本も書いていて、日本語の研究ではそれ以後の学者たちに大きな影響を与えています。

それで、コトバとは何だろう、ということを考えた時枝は、同じようにコトバの本質のことを論じて、現代の言語学の基礎を確立したあの★偉大なフェルディナン・ド・ソシュールのことを大いに批判しています。ま、早い話が、俺が自分で考えたコトバの本

★【ときえだ・もとき】一九〇〇―一九六七。東京生まれ。

★「文語篇」と「口語篇」の二冊があります。

★続編とあわせて二冊あります。

★なぜ「あの偉大な」がつくのかについては、拙著『生成文法がわかる本』をお読みくださればお分かりになります。

質のほうが、ソシュールの考えたものよりもずっといいぞ、ということです。このこと自体は、ソシュールの学説がどこから見ても絶対★正しいということは、他のいろんな学説と同じようにありえないわけですから、取り立てて問題だということはないだろうと思います。

　ですが、時枝のソシュール批判は、なんかどっかおかしいんじゃないだろうか、ソシュールの考えを誤解しているところがあるんじゃないか、と思えるところがあるような気がします。もっと言えば、ソシュールだって分かってはいたけれども、まあそこまではまだもっと研究の必要があるから言わないでおこう、言うとかえって問題が難しくなるからやめておこう、と思っていたところを、おい、ここんとこを言わないなんてことがあるかい、なんて言って、実はあんまり問題の解決にはなっていない自説を述べているだけじゃないか、というところがあるのではないかとも思っています。

「ラング」を対象とするコトバの研究は間違っているのだ

「ソシュール」なんて名前初めて聞いたぞ、という方のために、このスイス★の言語学者が言ったことを、ごくごくかいつまんでお話ししておきます。

　まず、言語学が研究の対象とするのは「ラングの共時態」なんだ、とソシュールは主張しました。「ラング」というのは、簡単にいえば「日本語」とか「英語」とかの個別

★私だって、ソシュールの言ったことがみんな正しい、なんてことは思っていません。ただ、かなりの部分が正しいぞ、とは思っているんですがね。

★ソシュールのことについてもう少し詳しくお知りになりたい方は、私の『言語学が好きになる本』をお読みください。もっとずっと詳しいソシュールのことなら、『ソシュール大事典』（丸山圭三郎編、大修館書店）に書いてあります。

言語のことです。ただ、同じ日本語といっても津軽弁とか鹿児島弁みたいな方言があったり、同じ地域でも男と女では話し方が違ったりと、使う人によってみんな違うのは誰でも知っていることです。ですが、文法とか発音とか基本的な単語の意味なんかは、大体のところは誰にとっても共通なわけで、だからこそ同じ日本語を使う人の間で意思を通じ合うことができるわけです。

そういう、細かい違いはあるんだけれども、一つの言語として認定されるだけの共通性をもったいろんな「方言★」の集合体を抽象的にとらえて、ソシュールはこれを「ラング」と呼んだのでした。まあ考えてみると、ラングというのは結構とらえどころのないもので、「これがラングです」とはっきりと指し示すことができたりはしないのでして、そのあたりはちょっとアイマイかなー、という気もします。

あと、ラングといっても、たとえば日本語が昔と今ではずいぶん違うように、必ず変化するようになっているのですが、そういう変化のことはとりあえずは考えないで、「今の日本語」とか「奈良時代の日本語」みたいに、ある特定の時点に限って見られるコトバのしくみ全体のことを「共時態」と言います。ある言語の文法だの語彙だのということを考えようとするときには、別に共時態なんて言われなくても、誰でも一応はある特定の時点を設定しているでしょうから、この考え方は分かりやすいと思います。

次に、人間のコトバだったらどんなものでも持っている性質について、ソシュールは鋭い観察をしています。まずコトバは「記号」だということです。記号というのは、音

★なんとか弁みたいな普通の方言だけではなくて、「男コトバ」とか「女コトバ」みたいなものも含んだものだと思ってください。

とか形★なんかに意味が結びついているもののことです。で、「イヌ」とか「川」みたいな単語を考えてみると、こういうのもやっぱり [inu] とか [kawa] なんていう音に〈犬〉〈川〉という意味が結びついているんだから、コトバも記号なんだね、ということになります。

これはこれでコトバの性質として大切なことですが、もっと大切なのは、単語という記号の音と意味の間に、何の関係もないという性質です。〈犬〉という意味に結びつく音として選ばれるのは [inu] でなくちゃだめだ、なんてことは全然ありません。言語が違えば dog★と言ったり chien と言ったりしているわけで、とにかくどんな音が結びついたって構わないということです。こういう性質を「言語記号の恣意性」と呼んでいます。

それから、同じような動作を表していても、たとえば日本語には「くだる」「さがる」「おりる」なんている単語があります。こういう単語は、基本的には「下方に移動する」という共通の意味を表しているのですが、「階段をおりる」とは言えても「階段をくだる」とか「階段をさがる」とは言えません。ということは、やっぱりそれぞれの単語が表す意味は違うわけでして、こういうふうに一つの単語の意味というのは、他の単語の意味とは「違う」ということで決まってくるという性質があります。

単語の意味だけではなくて、音なんかにもそういう性質があることは分かっていまして、こういうふうに、他の仲間とは違うということで、ある一つの要素の性質が決まる

★ですから、交通標識とか身障者用トイレのマークなんかも記号になります。

★dog は英語、chien はフランス語ですね。

ことになっているグループ★のことを「体系」と言います。で、ソシュールは、コトバに属する要素は体系を作るんだということを主張しました。

あと一つ、日本語の「花子は働かせられた」なんていう文の中にある「花子」「は」「働か」「せ」「られ」「た」という単語は、普通はこの順番に並んでいなければなりません。単語をむちゃくちゃに並べて「せ花子たられ働かは」みたいにしたって、全然意味が通じませんし、大体こんな並べ方だと日本語の文とは言えないわけです。という具合に、コトバに属しているいろんな要素の並べ方に決まりがあることを、「構造」がある、とソシュールは呼びました。

かいつまんで、と言いながらついつい長くなってしまいました。とにかくソシュールの言ったコトバの性質というのは、多分誰が考えても正しいとしか言いようがないのではないかと思います。ただ、もう一方の言語学の対象というほうだと、共時態は時点を限るというだけですからまあそれほど問題はなさそうなんですが、ラングのほうは、うーん、こういうものを考えることは必要だとは思いますが、ちょっと性質がはっきりしないかなあ、というところがあるようにも思います。

多分時枝は、そこのところに鋭く気づいたんだろうと思います。で、ソシュールの言語理論はおかしいぞ、ラングなんてのを研究の対象にしたってだめだ！　と批判したわけです。

★単語のグループとか音のグループとかですね。

ラングってこんなものだったの？

　ソシュールが考えていたラングというのは、さっきお話ししたようなもので、日本語や英語みたいな「個別言語」というのは、みなさんや私が日常生活で使っている具体的なコトバとは違うんだけれども、一応はその言語を使っている人の頭の中にはあるとしていいんじゃないか、というものでした。それに、もともとコトバというのは抽象的なもので、「電車が来た」という文だって、これだけだといろんな電車が、いろんなやり★方で来たということを表しているだけです。コトバだけで、私たちが伝えたい事柄を一から十まで正確に表すことなんかできるわけはありません。

　というわけで、抽象の抽象という感じの、かなりアイマイなものとしてしか個別言語をとらえることはできないんでして、まあそのあたりのところを言語学が研究する対象にしておこうじゃないか、そうでないと、そもそも日本語とか英語とかいう個別の言語を考えることすらできないよ、というのがソシュールの意図だったと、私なんかは理解しています。

　ところが時枝は、ラングっていうのを「聴覚映像と概念の連合したもの」として理解していたのでした。「聴覚映像」というのは音のことですし、「概念」というのは意味のことですから、聴覚映像と概念の連合したものっていうのは、さっきお話しした記号★だ

★「速く」とか「突然」とか「遅れて」とか、いろいろな「来方」というものがありますよね。

★ソシュールは記号と単語を同じものと考えていたようです。文も記号ですから、これではいけないんですがね。

ということになるはずです。

まずもってラングと単語が同じだってするのはねー、うーん、やっぱりいけないと思います。まあ確かにソシュールは、ラングを構成する単位の中で一番大事なのは単語なんだと考えていたふしがあります。これはこれで大変問題で、コトバが事柄を誰かに伝える手段なんだったら、単語ではなくて文が一番大切な単位だということになるはずなんでして、橋本進吉もそのあたりのことはきちんと言っていました。

ただソシュールはラングは単語なんだ、なんてことは全然言っていませんで、彼にとってもっと重要だったのは、単語とか音とかのコトバを構成する要素が体系とか構造を作っているんだ、という要素の間の「関係」のことだったわけです。ここのところをちゃんと理解しないでラングの考えを批判するのは、ちょっと本質からはずれているんじゃないかなー、という気がします。

これってたとえば、誰かの絵に文句をつけるのに、「使っている絵の具が悪いよねー」なんて言っているのと同じようなものではないでしょうか。もちろん絵にとってその素材である絵の具は大切です。ですがもっと大切なのは、そこに描かれている人だかモノだかの形とか色とか、人やモノの配置の仕方なんかなのでして、それこそ弘法筆を選ばずで、絵の具が悪くても立派な絵はいくらでも描けるはずです。★

ラングを単語と同じだと考えたりするから、時枝はラングのことをコトバの「単位」だなんて言ったりしたのでしょう。普通に考えたって、日本語とか英語なんかの個別言

★私は絵が下手なので、こういうことは自信をもっては言えないんですが。

語がコトバの単位だなんてするのはとてもできなさそうですし、ソシュールも単位のことを述べてはいますが、それはあくまでもラングの「内部の」単位のことであって、ラングそのものを何かの単位だと考えていたわけではありません。

均質的なコトバなんてのはないんだ

ただもしかしたら時枝がラングを単位だなんて言っていたのは、物質を構成する単位である「原子」と比較したいからだったのかもしれません。ラングというのは、さっきもお話ししたように、たとえばそれが日本語なら、それを使っている人すべてにとって同じもの、「均質的な」ものだとされています。もちろん実際に使われる時には均質的なんかじゃないわけですが、山田さんが学校で話す場合にはこうですね、山本さんが鈴木さんと話す場合にはこうですね、なんてことを考えていたんじゃとても日本語の分析なんかはできませんから、言語学の研究対象にするために、均質的なところだけを対象にしておこう、というのでした。

となるとラングは物理学なんかでいう原子と似たようなものになってしまうよ、というのが時枝の批判なわけです。つまり、原子だったらどんな物質中でも均質だから、そういう単位を考えておいてもいいけれども、コトバは人や場面によっていろいろ違う「混質的な」ものじゃないか、それがコトバの本質なんだ、それなのに、実際にはあるはずのない均質的な単位としてのラングを考えるなんて、どこから見たって矛盾してるぞ、というふうに時枝は主張しています。

原子だってホントは電子が一個足りない状態とかあったりして、いつも均質だったかなー、と思わないではありませんが、一応均質的なものだとしておきましょう。それに比べるとコトバは大いに混質的です。それにコトバを使う人の頭の中にあるラングは、実際に使われる時にはそのままの形で出てくることはなくて、ラングとは違うんだ、だからをこれを「パロール」と呼ぼう、とソシュールも言っています。

やっぱりラングはあるのだ

でもだからといって、ラングみたいなものなんてないんだ、と結論するのにはちょっと無理があるのではないでしょうか。時枝の考えていたラング（＝単語）とソシュールの言ったラング（＝個別言語）が全然違うのでちょっと説明がしにくいのですが、たとえば「花」という日本語の単語のことを考えてみましょう。実はこの「花」の例、時枝自身も使っていて、そこで観察されている事実については全然問題がありません。★「花が咲いた」という文の「花」は、どれでもいいけれどもとにかくなんか特定の花のことを指していますし、「私は花が好きだ」という文だと、この「花」は「すべての花」を指しています。

★数は一つとは限りませんが、限られた数であることは確かです。

またもちろん、どこか特定の場所で特定の相手に向かって、咲いている花を見ながら「花が咲いたね」なんて言ったのだったら、その「花」は、他のどの花とも違うホントに特定の花ですよね。こういうふうに、同じ「花」という単語でも、どんな文の中で使われているかとか、どういう場面で使われているかとかによって、表すモノが違っているのが普通なんでして、となると時枝の考えている（ソシュールのとは違う）ラングみたいに、いつでもどこでも同じ性質をもったものなんてない、と言いたくなるのは分かります。

ですが、「花が咲いた」という文を言った人と聞いた人が、どちらも日本語を正しく使える人だったら、二人にとってこの文が表している事柄は「大体」同じはずです。「大体」と言っているのは、さっきもお話ししたようにコトバによる伝達というのが、もともとアイマイだからなんですが、あんまり細かく考えると頭が痛くなりますので、そんなに気にしないでください。

二人にとって同じになるためには、まず「花」が指しているのがどれか一つの特定のモノだということが必要ですよね。これは動詞が「咲いた」だからなんでして、こういうのは日本語のしくみとしてきちんと決まっていなければなりません。ソシュールもこのへんまでは考えていなかったようですが、彼の言っていたラングだったら、こういうしくみも含まれているとしていいでしょう。

時枝のようにラングを単語に限るとしても、「花が咲いた」という文が表す事柄が正

★世界の花が全部咲いた、なんてことはありえません。

しく伝わるのだったら、この文を言った人にとって「花」がクジラみたいなモノだったり、聞いた人は「花」を自転車みたいな乗り物だと思ったりする、なんてことはあってはなりません。少なくともここの「花」は、私やみなさんが花だと思っているような、あの赤だの黄色だのの色をしたきれいなモノでなければならないということです。

こういうふうに、コトバを使っての伝達が曲がりなりにも成功するためには、「花」みたいな単語の表す意味が、同じコトバを使っている人々にとって大体のところ共通である必要があるわけです。そうでないと、私が「花が咲いた」と誰かに言ったら、その人が、「そりゃ大変だ、医者に見せなくちゃ」なんて反応するみたいな、全然意味が伝わらないことになってしまって、コトバは事柄を伝える道具として役に立たなくなってしまいますよね。

というわけで、ラングを時枝みたいにとっても狭く考えて単語のことなんだとしても、コトバというものが事柄を他人に伝えるための手段である限りは、単語の表す事物について、同じ種類のコトバ（日本語とか英語とかです）を使っているすべての人々にとって共通の部分がなければならないわけです。ですからそういう意味での均質性をもった個別言語としてのラングを考えるのは、やっぱり必要なことなのではないでしょうか。

時枝の「言語過程説」

もう一つ時枝がラングなんかないと主張した理由としては、実は彼のコトバについての根本的な考えである「言語過程説」というのがあります。言語過程説は、時枝オリジナルの説で、彼の文法論はこの考えをもとに展開されているのですが、基本的な考えは、私なんかはまあまあかな、なんて(不遜にも)思っています。ただ言語学者の間ではあんまり(というかほとんど、あっ、全然かな)人気がなくて、この学説を使ってコトバの分析をやっている人はいないようですが。

時枝によれば、コトバが成り立つ条件には三つあって、一つは話し手、二つ目はコトバが使われる場面、三つ目は「素材★」だとされています。話し手と場面については問題ありませんよね。ソシュールはこういう条件のことをほとんど考えていなくて、話し手や場面に関係する要因は、ラングの中には入れていなかったんですが、さっきの「花」がどんなモノを指すのか、なんてことを考えるためには、使われる場面のことを当然考えに入れる必要があります。それに、「多分あいつは来ないだろう」みたいな文だったら、話し手の判断が含まれているわけですから、こういう文が表す事柄のことを考えようとしたら、話し手という要因はどうしても落とすわけにはいかないでしょう。

そういうわけで、話し手や場面をコトバの分析の時には考えよう、としたのは、文や

★聞き手とかその場にあるものとか、いろいろありますね。具体的なモノとか事柄のことです。

単語の「意味」をきちんと考えるためにも適切なことだっただろうと思います。問題なのは三つ目の「素材」のところです。素材の中に、コトバで表そうとしている事物が含まれるというのはいいでしょう。ところが時枝は、もっと抽象的な「概念」も素材の中に含まれると言っているのです。

「概念」★というのが一体何か、というのはすごーく難しいことで、これまでいろんな言語学者とか哲学者が説明しようとしてきましたが、誰にでも受け入れられている説明は、どうもまだ出てきていないようです。ソシュールも時枝も、概念っていうのはこういうものなんですよ、なんて分かりやすく言ってくれていないので、このあたりまではちょっと踏み込めないんですが、少なくともソシュールは概念を単語の意味と同じだと考えていたことは確かだろうと思います。

というわけで、ソシュールにとっては、概念というのはコトバを構成している記号（単語のことです）の一つの大切な側面ということになるわけです。時枝も、概念がコトバによって表されるものだ、と考えてはいたのですが、ソシュールと違うのは、概念なんてものはコトバが成り立つために必要な要素ではあっても、コトバそのものとは違うんだ、というところです。

★私なんかは、たとえば「花」の概念というのは花として認められるモノの集合の性質でいいんじゃないかと思っていて、こういうふうに考える人も最近では増えているようにも思います。ですが、やっぱりこれも一般的に受け入れられている考えだとは、残念ながら言えません。

コトバは水道管です

ええっー、概念がコトバで表されるんだったら、概念もコトバの一部じゃーん、と考えるのが普通ですよね。はい、あの偉大なソシュールもそう考えていたわけで、まあ今でも大抵の言語学者はコトバの意味(=概念)も、コトバの中に入れておいていいだろうとしています。ところが時枝は、コトバっていうのは、具体的な事物と概念を結びつける「過程」のことを言うんだと主張しています。

時枝の言い方を借りるならば、コトバは「思想を導く水道管」のようなものなんだ、ということになります。うーん、すごく抽象的で分かりにくいですよね。コトバがそういう水道管みたいなものだったら、ホントにすかすかのからっぽになってしまうじゃないか、と考えたくもなります。はい、これだけだと、なーんだ、言語過程説ってそれこそ中味がない説なんじゃないのー、と思ってしまう方もいらっしゃるかもしれませんね。

ですが、一方に事物があって、もう一方に概念があって(ホントはその向こうに音があるんですが、話を簡単にするためにこの二つのことだけを考えておくことにします)、その間を結ぶ働きがあるとすると、その働きっていうのは、どうも数学で言う「関数★」と同じようなものなんじゃないかという気がします。

★時枝は、関数ではなくて「為替」と同じようなものだと言っています。

ほえっ、関数？　いやだー、チョー難しそう、それ、と思われる方もいらっしゃるかもしれませんね。ですが関数っていうのは、考え方は特に難しいものではありませんで、たとえば x＝2y なんていう一次関数だったら、1に2を、2に4を、という具合に、ある数にその二倍の数を対応させていく働きのことだと思えばいいわけです。

こう考えると、何かあるモノを見て、それに〈花〉という概念を対応させたり、ある動きを見て、それに〈歩く〉という概念を対応させるという働きも、まあ関数と言ってもいいのだろうと思います。言語過程説は、事物と概念を対応させるしくみがコトバなんだと言っているわけですから、一応はコトバを関数みたいなものだとしているということになりそうです。

コトバを関数みたいなものだと考えたからといって、それでエライんだ、文句あるか、というわけではないんですが、とりあえずは、言語過程説で考えられているコトバが、実際の水道管みたいに中味のないものだということにはならないんだ、ということにはなるでしょう。

言語過程説もソシュールも変わらない？

それで、さっきは端折ってしまったんですが、コトバではないけれどもコトバを成り立たせる条件の中に「音」★というのがあって、概念と音を結びつけるのもコトバの働き

★ホントは inu みたいに音を組み合わせたものなんですが、こういうのも含めて「音」と呼んでおくことにします。

だとすることも、時枝の考えを使うとできることになります。

となると、単語の意味と音なんていうのは、コトバそのものではなくなってしまって、意味と音が一体となって出来上がった単位が単語なんですから、単語をコトバの要素だなんていうのはおかしいぞ、という結論になります。時枝が理解していたところでは、ラングは単語だったんですから、単語がコトバの仲間に入れてもらえないんだったら、ラングなんてないんだ、ということになってしまうというわけです。

これで一応理屈は通ります。もちろん、ソシュールが考えていたラングと単語は違うわけで、「言語過程説、別の言い方をすれば「言語関数説」では、ラングがあるんだ、ということに対するまっとうな批判になっていないことは確かです。ただ、言語過程説がとんでもなく空想的な説というわけでもない、ということはお分かりになると思います。

とはいえ、実際にコトバを分析しようとすれば、音と意味が結合した単位としての単語がある、という前提で話を進めたほうが便利なんでして、結局のところ時枝も、日本語の文法を記述するときには、単語を一つの単位として分析を進めています。それに、それじゃあその関数みたいなコトバっていうのはどういう性質があるの、と聞かれたとしたら、これこれこういうモノは、こういう概念に対応していて、その概念はこんな音と結びつけられるんだよ、という事実をもとにして答えるしかないと思います。

モノと概念との結びつきというと、たとえばあるモノを見て、これは「花」だ、と言うこともできれば、これは「サクラ」だと言うこともあるでしょうし、う一ん、これはなんか「薄いピンク色のモノ」だ、なんて言うこともあるかもしれません。となると、モノと概念の間を結びつけるのに、話し手による「概念化」という操作があるという時枝の考えは、なるほどそうかな、という感じもします。

ところが、概念と音の間の結びつきとなると、一度どの概念を選ぶかが決まってしまえば、日本語では〈花〉に対しては hana という音しかありませんし、〈サクラ〉だったら sakura という音をあてるしかないわけです。いやオレは sakura なんていう音はいやだ、もっと夢のある yumena みたいな音がいい、なんて思って、やっぱり春はユメナだねー、と言ったって、誰もあなたがサクラの花のことを話しているとは思ってくれません。

という具合で、まさにソシュールが言っていたように、概念と音の結びつきはまさに一対一なわけです。それに結局のところ、あるモノをコトバで表すためにどんな概念が選ばれたのかは、hana とか sakura とかの音を聞いて（話し手自身ならば、頭の中でその音を選んで）はじめて分かるのです。だったら、言語過程説で考えられているようなコトバが、どんなしくみになっているのかっていうことは、「音と概念の結びつき」が分からなければならないということになりますよね。

その音と概念の結びつきのことを、ソシュールは「記号」と呼んでいるだけのことなんでして、それを、いやその結びつき方を決めるやり方のほうがコトバの本質なんだ、と言っているのが時枝だということにはならないでしょうか。これってたとえば、人の足の速さを表すのに、百メートルを十秒で走ったぞ、というのと、百メートルを時速三十六キロで走ったぞ、というのとどっちがいいか、なんてことを決めようとしているのと同じようなものに見えます。表し方が違うだけで、別にどっちでも構いませんよね。

「詞」と「辞」の違いを言語過程説で説明しよう

ただし、百メートルを走るのに、最初の五十メートルまでは超★人的爆走で時速四十五キロだったけど、残りの五十メートルは速度が鈍って時速三十キロになって、結局十秒かかった、なんてことが分かるのだったら、時速を使った表し方のほうが、変化が分かるぶんいいぞ、ということにはなります。

時枝は、言語過程説だとこういうのができるぞ、という例として、詞★と辞の違いをあげています。復習しておきますと、「詞」は「花」とか「大きい」とか「走る」のような「内容語」とも言われる単語、「辞」は助詞や助動詞のような「機能語」とも言われる単語のことでした。学校の文法（つまり橋本進吉の文法）だと、詞は「自立語」、辞は「付属語」と呼ばれていて、自立語は単独で文節が作れるけれども、付属語はそれだけで文節は作れない、という定義だったけれども、そもそも文節が何かというのがはっきりしていないので、結局自立語と付属語の区別もよく分からないというのでした。

★昔いた飯島みたいなロケットスタートをやったとしましょう。

★というか、ほとんどこれだけなんですが。

さてそれでは言語過程説だと詞と辞はどうなるのかというと、詞はさっきお話ししたように、事物→概念→音という過程でコトバとして表されたものであるのに対して、辞は事物からいきなり音という過程で表されるものだということなのです。

それで、詞は「概念過程を含む形式」、辞は「概念過程を含まない形式」だと呼ばれています。となると、詞と辞の区別をはっきりさせるためには、「概念」っていうのが一体何なのか、という、前にもお話ししたように、どえらく難しい問題に対する答えを用意してもらわなければならなくなってしまいます。ところがどうも時枝も、そのあたりのところはきちんとは説明してくれていません。

となると、「花」だの「走る」だのの表しているのは概念で、助詞や助動詞が表しているのは概念じゃないんだ、だから詞は概念過程を含んでいて、辞は概念過程を含んでいないんだ、なんていう説明の仕方になりそうです。でも「花」が表すのが概念で、「よ」とか「だろう」なんて単語が表すのが概念じゃない、っていうのがどうしてなのかについての説明がないんだったら、概念過程を含むかどうかの説明もできないわけで、結局のところ詞と辞の区別も、違うから違うんだ、と言っているのと同じになってしまいます。

話し手の判断は概念ではありません

ただ一応は、概念っていうのは、もとになる事物があったとして、それを誰が見ても同じになるような形で表した「客観的な」ものなんだと、時枝は述べています。たとえば「花」だったら、これが表しているモノは誰にとっても花じゃないか、ということです。もちろんさっきもお話ししたように、同じものを「サクラ」だという人もいるでしょうし、いやこれは「種子植物★」なんです、なんてメガネをずり上げながら言うやらしい勉強少年もいるかもしれません。ですが、でもな、これは花だろ、な、と三白眼で見据えれば、はい、花でした、と誰もが認めてはくれるはずです。まあそういう意味で、「花」なんかが表すものは客観的だと言えないこともありません。

一方、「だろう」だったら、これは話し手の、事柄★に対しての判断を表すものですから、「花」みたいに誰にとっても同じだということはありません。たとえば私が「あの子は高校生だろう」なんて、ルーズソックスの女の子を見て言ったとすると、それはまさに話し手である私の判断なんでして、その子の親兄弟とか友達だったら、「だろう」なんて言い方はしないはずです。ということは、「だろう」が表している判断は、誰にとっても同じ客観的なものではないということになります。

でもこれだけだと、話し手の判断を表さない内容を概念と呼び、話し手の判断を表す

★もっと正確に言うと、「種子植物の生殖器官の一部」ということでしょうか、あー、ヤダヤダ。

★専門的には「モダリティー」と言います。

内容を概念ではないとするだけのことで、概念過程があるとかないとかは、単に名前だけの問題になってしまいそうな気もします。実際、「あの子は高校生だと思う」みたいに動詞の「思う」を使った言い方も、同じような話し手の判断を表していて、「彼はあの子が高校生だと思う」なんて言い方はできません。つまり、「思う」という表現は、誰にとっても同じ内容を表すわけではないということです。

だったら「思う」も辞の仲間に入れてやりたいところですが、時枝だったら、これは「主観的な情意を客体化している」のだ、と言って詞に入れることだろうと思います。どうしてかというと、「思う」は動詞で、動詞は詞の仲間だということにしているからです。ただ、「彼はあの子が高校生だと思った」みたいに「思った」にするのだったら、もしかしたら少しは客観性が出てくるかもしれません。でも、「思う」という形だったらやっぱり話し手の判断を表すとしか言えませんから、「概念過程」はないわけで、となると辞に入れるしかないことになりはしないでしょうか。

とにかく、話し手が判断する内容を表すかどうか、という違いがあるというだけの区別のことを、概念の定義をはっきりさせないで、事物を概念に対応させる過程があるかないかという区別と同じだとしてしまうのは、ちょっと無理のある考え方じゃなかろうかと思うわけです。

話し手の判断はコトバを使えばどこにでもあります

それから、時枝の考えだと、「が」とか「を」のような格助詞や、「れる／られる」のような助動詞も、当然辞の中に入れられて、これらの単語も話し手の判断を、概念過程を経ないで直接的に表したものだということになります。

推量の助動詞「だろう」「らしい」とか、終助詞の「よ」や「ね」だったら、まあ話し手の「主観的な」判断を表していると考えても悪くはないと思います。たとえば「僕はお腹が痛いんだよ」なんて言うときには、「僕がお腹が痛い」という事柄を聞き手は知らないだろうな、と判断しているわけですし、「このテレビ面白いね」だったら、聞き手も「このテレビが面白い」と思っているだろうと判断しているのだと考えていいでしょう。

ですが、「が」とか「を」のような格助詞が、推量の助動詞とか終助詞と同じような種類の判断をしていると言っていいものかどうかというと、どうも違うような気がします。

次のページにあるイラストをご覧ください。

確かに、こんな絵で表されるような事柄を見て「太郎」のほうが事柄の中心★だと思えば、「太郎が次郎をなぐっている」と言うでしょうし、「次郎」のほうが中心なんだとすれば、「次郎が太郎になぐられている」と言うはずです。

となると、「が」を二人のうちのどちらに使うかということには、話し手の判断が働いているんだ、と言えないこともありません。でもこの事柄には太郎と次郎の二人しか人間がいなくて、中心として選ぶことができるのはそのどちらかなんですから、話し手が選択する余地はすごく限られているわけで、そうなるとそれほど主観的な判断だとは言えないようにも思われます。

それに、「太郎」に「が」を付ければ、動詞の形は「なぐっている」に決まりますし、「次郎」に「が」を付ければ、今度は動詞の形は「なぐられている」に、ほぼ自動的に決まってしまいます。だったら、「(ら)れる」★という助動詞についても、話し手の判断が大きく関係しているって言うのはちょっと難しいんじゃないでしょうか。

もっと言えば、同じ事柄を「なぐる」という動詞を使って表さなければならない、な

★事柄の「主体」と言うこともできます。

★時枝自身も、「れる／られる」は辞ではなくて詞のほうに分類したほうがいいと述べています。

んてこともないわけです。似た意味を表す「ぶつ」とか「たたく」を使うことはもちろんできますし、太郎と次郎が「龍神会★」なんていう名前の、ある組織の構成員だったら、「かわいがる」なんていう動詞を使うことだってできそうです。

さらには、同じ事柄を「太郎」か「次郎」を中心として選ぶのではなくて、「太郎の手が次郎の手に当たった★」とか、「強い力が太郎から次郎に移動した」みたいに、もちろん変は変ですが、別のモノを中心にして言い表すことだってできないことはありません。

ということは、一つの事柄をコトバで表すのにどんな単語を選ぶか、という操作には、話し手の「主観的な」判断がずいぶん強く働いているんだ、ということになりそうです。もちろん言語過程説の立場から言えば、まさにそういう操作こそが「概念化」の過程なんだぞ、ということになるでしょう。ある事柄を見て、話し手がコトバを使うための概念化を行った結果、「なぐる」だの「ぶつ」だのという単語が選ばれるんだよ、ということです。

だったら、「が」という格助詞についても、誰かを事柄の中心として選択する、という操作を行った結果使われているんですから、やっぱり同じように概念化という過程が含まれているんだ、と言えるんじゃないでしょうか。それに「が」は「事柄の中心となるモノを表す」という、とっても「客観的な」内容を表しているとも言えます。「を」についても同じことで、この格助詞は事柄の中である作用を受けるモノを表す、みたい

★昔の人気番組『太陽にほえろ』では、ヤクザ屋さんの組織は大抵この名前だったと思います。

★痴漢君が、「私はあなたのお尻を触ったんじゃないんです、私の手があなたのお尻に偶然当たったんです」と強弁するような時に使いますよね。

な感じの、やっぱり客観的な内容を表していると考えることができそうです。

もちろん私だって、「なぐる」とか「ぶつ」なんていう「内容語」と、「が」とか「を」みたいな「機能語」が同じ働きをしている、みたいなことを考えているわけではありません。ですが、「辞」に分類される単語は、「概念過程」を含まないで、話し手の主観的な判断を直接的に表すものだ、なんていうことが言われちゃっているわけです。となると、そもそも「概念過程」っていうのが全然はっきりしていなくて、コトバを使うという行為そのものが話し手の主観的な判断が下された結果だとも言えるのだったら、単語はみーんな「辞」だということになってしまうじゃないか、と反論したくなってしまいますね。

ま、詞と辞を、橋本進吉が単語の使い方から、言い換えれば「外から」区別しようとしたのに対して、時枝誠記は「内から」、つまりその意味内容という観点から、できるだけすっきりと区別しようとした、というのはとても優れた見方だと思います。ただ、また言ってしまいますが、詞と辞なんていうのは、結局は単語の「分類」で、多分どうやったってたくさんの単語をすっきりと二つのグループに分けるのは不可能なことなんです。

その上、詞と辞の区別を、「概念過程を含むかどうか」なんていうすごーくシンプルな基準で説明しようとしたものですから、まあ必然的にその説明に無理が出てきたというところでしょうか。

日本語の文の構造は「入れ子」型です

今までお話ししてきた時枝誠記の学説は、どちらかというとコトバっていうのが一体どういうものか、ということについてのものでした。日本語も立派なコトバの一員ですから、日本語の文法を考えるのに、人間のコトバ一般のことをまず考えようという時枝の姿勢は、すごくまっとうなものだったと思います。ただ、ソシュールの理解とか、一番大切な「概念」というものについての定義に不十分なところがあって、その結果あれこれ文句を言いたいところがあったわけです。

日本語だけの文法について時枝が述べていることの中で重要なのは、日本語の文の構造、要するに単語の並べ方のことですね、これが「入れ子型」になっているんだ、ということです。「入れ子」なんて単語、知らないよー、とおっしゃる方、そうですよね。あんまり使いませんもんね。『広辞苑』には「箱などを、大きなものから小さなものへ順次に重ねて組み入れたもの」と説明してあります。

多分もうこれでみなさんお分かりになったことと思います。要するに、大きな箱の中に、ちょっと小さな箱が入っていて、そのちょっと小さな箱の中に、もっと小さな箱が入っていて……という具合に、大きさの違う箱がいくつも重なって入っているやつのことです。

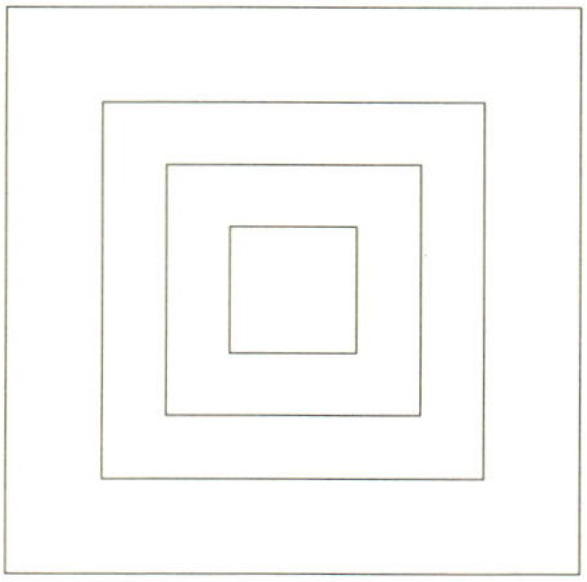

真上から見たら、こういう感じの絵になるんだろうと思います。

それで、たとえば「梅の花が咲いた」なんていう文の構造を考えてみると、「梅」に「の」がついて「梅の」という「句」（橋本進吉の「文節」と同じです）になって、「梅の」が「花」とくっついて「梅の花」という単位★になり、その「梅の花」に「が」がついて「梅の花が」というもっと大きな単位になり、そしてその単位に「咲い」という動詞がついて、「梅の花が咲い」というもっと大きい単位になり、最後に「た」が全体を「総括」して、「梅の花が咲いた」という一つの文になっているよ、これって入れ子型じゃない？　と時枝は主張しているわけです。

文章では分かりにくいので、図にしてみましょう。

★こういう単位については、時枝は名前を付けていないようです。

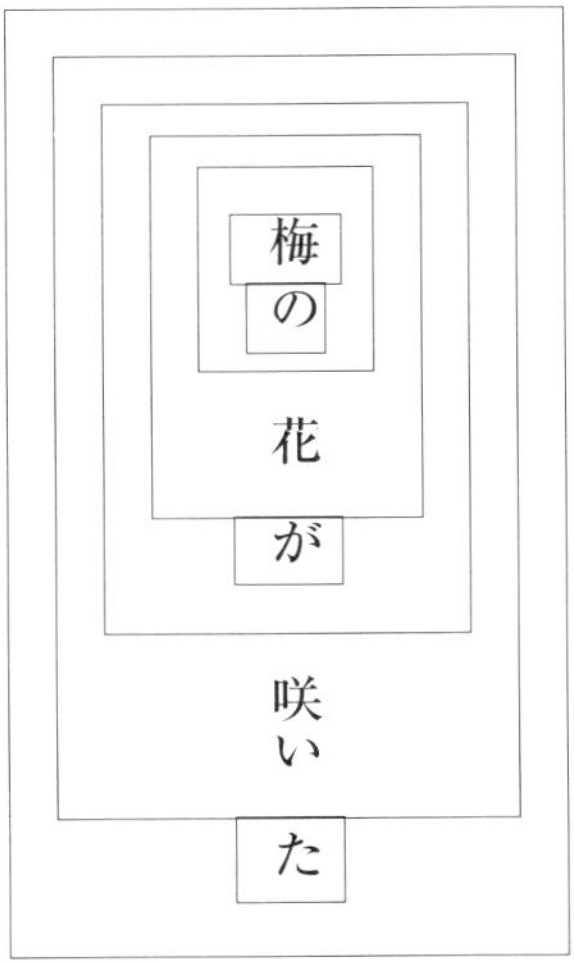

「文の構造の入れ子型による表し方」なんてマニュアルを時枝は書いてくれていないので、もしかしたらちょっと違っているかもしれませんが、まあ大体こういう感じになると思います。時枝の分類では「梅」「花」「咲い」が「詞」で、「の」「が」「た」は「辞」ですから、「詞＋辞」が一つの基本的な単位で、それにまた「詞」がくっついて、「「詞＋辞」＋詞」という単位になって、その単位に「辞」がくっついて、「「「詞＋辞」＋詞」＋辞」という構造のもっと大きな単位になる、という具合にして、日本語の文は作られていくのだ、ということになります。

　文節だけで文の構造を考えると、「梅の」「花が」「咲いた」という、独立した三つの文節があるだけで、ホントは「梅の花が」全体で主語になるんだ、なんてことが分かりにくいですから、はい、こういう入れ子型というしくみで日本語の文の構造を考えたほうが、文全体の意味を考えたりする上でもいいことは確かだろうと思います。

というわけで、文節とか単語とか、一つずつの単位をバラバラにしただけで、それらの単位の間にある関係のことをあんまり考えない文法よりは、この入れ子型方式のほうが、そういう関係のことを考えに入れているのですから、この点ではやっぱり一歩進んだ文法ということになるのでしょう。

でもまあ、どんなコトバの文だって、ある★単語が別の単語を修飾しているとか、ある★単語が文全体の意味をなんらかの形で限定しているとか、そういうことは絶対あります。ですから、いくつかの単語がまとまって一つの大きな単位になり、そういう単位がまたいくつか組み合わさって文が出来上がるというふうに、文の構造が「階層的」になる、なんていうのは、当たり前と言えば当たり前のことです。

もともとどんなモノでも、その構造を表すのに、それを作っている一番小さな部分がぜーんぶバラバラで関係がなくて、いきなり全体が出来上がる、なんてことはありませんよね。たとえば普通の役所というモノ★でも、「何とか課」という小さな単位がいくつか集まって「何とか部」を作り、他にも同じようなしくみの「何とか部」がいくつかあって、それが集まって「何とか局」を作って、そういういくつかの局が集まって「何とか省」という役所が構成されているわけです。

ですから、それなりにたくさんの部分（要素）が集まって出来上がっているモノだったら、そういう部分の関係をきちんと表そうとすると、いくつかの中間的な単位を考えないですませるわけにはいかないということになります。つまり言い換えれば、そうい

★「赤い花」とか「もっと大きい」みたいな意味を表している表現のことです。

★「多分太郎は来る」という文では、「多分」が、「太郎が来る」という文全体が表す事柄の起こる可能性のことを表しています。

★正確には「組織」でしょうが。

うモノの構造には階層性がちゃんとあるということです。

それに、日本語っていうのは、世界の言語を単語とか句★のしくみの点から分類したものの中では、「膠着語」と呼ばれるタイプの仲間でして、名詞とか動詞のような内容語（＝詞）の後ろに、助詞とか助動詞のような機能語（＝辞）がずらずらとくっついていく、というのが特徴なんです。

ということは、「詞＋辞」という組み合わせが一つの単位となって、それが階層的に積み重なっていくしくみを日本語の文がもつなんていうのも、まあ別に不思議なことではないわけです。ですから、この入れ子型方式は、その点では日本語の特徴をよくとらえたまっとうな表し方ではあるんですが、ほー、これはすごく独創的でちょっと普通の人だったら考えつかないなー、みたいな感じにはちょっと思えない気がします。

入れ子型では単純すぎるようです

あと、これはあんまり本質的な問題ではないかもしれないのですが、入れ子型方式で構造を表そうとしても、時枝が述べているように全部すっきりさっきみたいな図で表せるというわけではないと思います。

たとえば「太郎が学校で本を次郎に貸した」なんていう文の構造を、入れ子型方式で表したとしたら、こんなふうになるんでしょうか。

★ここではさっきお話しした時枝の「句」と同じようなものだと思ってください。

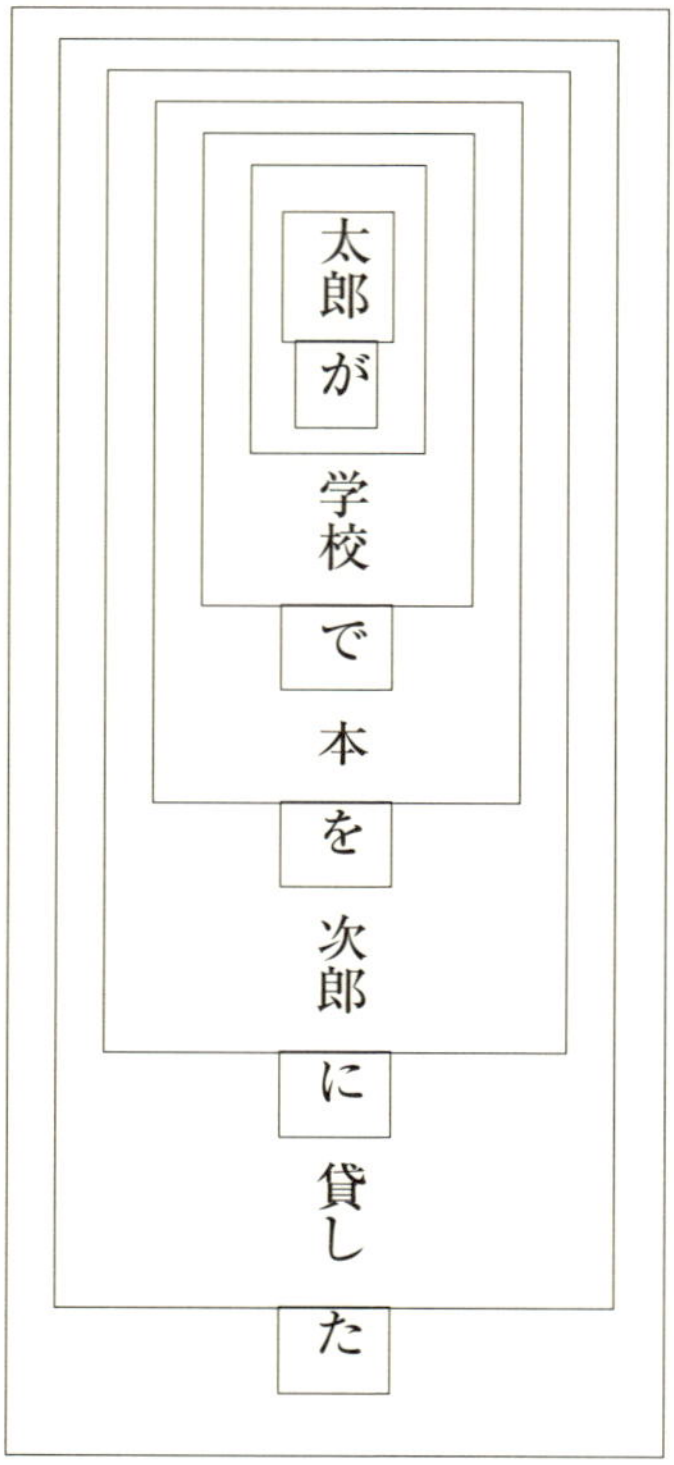

でもこれだと、「太郎が学校」とか「太郎が学校で本」みたいな単語のかたまりが、何らかの点で一つの単位になると考えなければならなくなります。単語のかたまりが一つの単位になる、ということは、（いつでもうまくいくというわけではないんですが）前にも一度使ったように、それを一つの代名詞で置き換えられる、なんていう方法で確かめてみることができます。「梅の花」だったら、「これ」とか「それ」なんていう一つの代名詞で置き換えられますよね。

ところが「太郎が学校」を「これ」に置き換えたって、「これで本を次郎に貸した」なんていう変な文が出来上がるだけですから、要するにこんな置き換えはできないということです。もちろん「太郎が学校で本」も「太郎が学校で本を次郎」も、どうやったって代名詞★なんかに置き換えることはできません。

★「太郎が学校で本を次郎に貸し」という部分も、他の一語に置き換えられません。他の言語でも、こういう事柄全体を置き換える一つの代名詞があるなんてことはないようです。

それに、こういう語句が表す意味のことを考えても「太郎が学校で本」だけで、人が理解できるモノとか事柄を表す、なんてこともありえません。「あら、梅の花」なんていう表現だったら、完全な文とは言えないにしても、まあ何かモノを見て驚いているんだろうな、なんてことは想像できます。ところが「おい、太郎が学校で本」なんて言われたって、むむー、おぬし奇怪千万な符号を使いおって、怪しい奴め、みたいな返事しかできそうにありません。

結局のところ、「太郎が」「学校で」「本を」「次郎に」の部分は、それぞれ独立しているとしか見なしようがないわけで、入れ子型方式を使って表したとしても、こんなふうにしか表せないと思います。

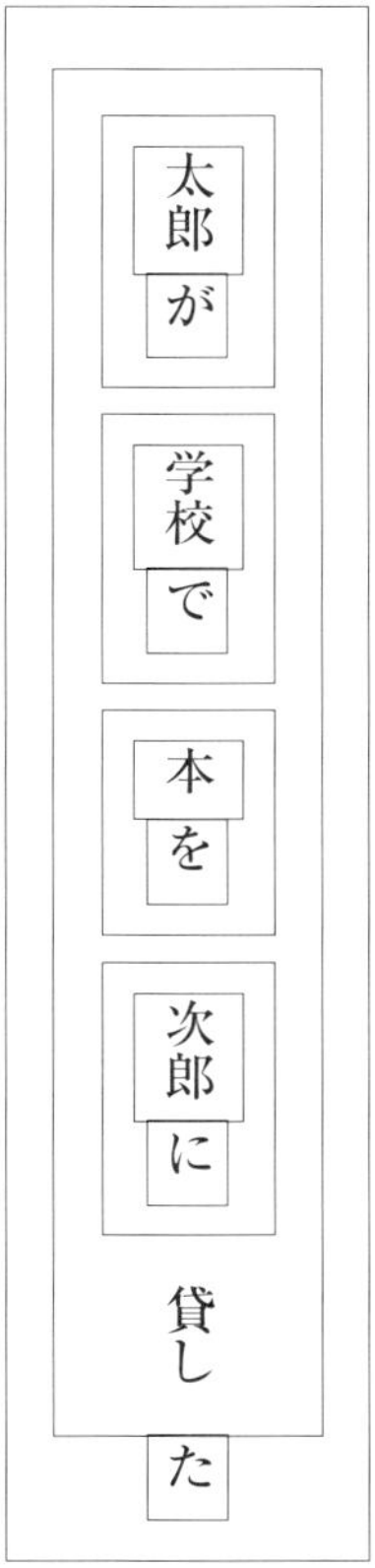

うーん、これだと「入れ子」っていう感じはあんまり（というか全然）しませんよねー。この表し方で分かるのは、「太郎が学校で本を次郎に貸し」という部分全体がいつ起こったのか、ということを「た」が表している、ということだけです。入れ子型方

式のミソは、小さな部分がだんだんと、雪だるまを作るときみたいに大きくなっていって、最終的に文が出来上がるというしくみが日本語の文にはあるんだ、ということをうまく説明できるぞ、というところにあったわけです。それなのに、今お話ししているようなどこにでもある文が、入れ子型の原則でちゃんと表せないということなら、日本語の文一般が時枝の言うような入れ子型の構造をもっている、というのは、やっぱり正しいとは言えないのではないでしょうか。

日本語の文は、英語やフランス語のように、疑問詞がいつも文の先頭に来なければならない、ということはありませんし、話し手の判断を表す単語が、文の途中に来るなんてこともありません。ですから、確かに時枝の言うように、文中の最初の単語から始めて、それに助詞がくっついたりして、だんだんと大きな単位を構成していくというしくみになる傾向はありそうです。★

ですがそれはあくまでも傾向なんでして、日本語の文が一般的にそういう入れ子型の構造になるということは、残念ながら、ないだろうと思います。文の構造がどういうふうに表されるかというのは、ここ数十年の言語学でずいぶんいろんな研究が行われてきているのですが、★それでも、このしくみでいいんだ、という枠組みがきちんと提出されているとは言えないようです。

こういうしくみでよさそうだ、と思った瞬間に、ああ、こんな例外もあったんだ、ということが分かったりして、またしくみを変更する、ということの繰り返しなんでし

★英語だと、「君の意見は正しいかもしれない」という意味は **Your opinion might be right.** みたいな文になって、話し手の判断を表す語である **might** は、文の真ん中に来ています。

★生成文法がその代表です。ただ、これは英語の文の構造を分析することが中心になっていて、他のタイプの言語(日本語とかラテン語とか)にもちゃんと適用できるとは、どうも言えなさそうです。

て、時枝の入れ子型方式も、原則が単純なことはとっても素晴らしいことだと思うんですが、単純なだけに、一般的に当てはめようとすると、どうしてもうまく行かないということになってしまうようです。

『日本語練習帳』の大野晋

今度は一気に時代を下って、現在の国語学者が日本語について語っていることを見てみることにしましょう。取り上げるのは『日本語練習帳』です。この本の著者は大野晋氏で、日本の代表的な国語学者の一人と言っていいでしょう。最近では日本語の起源のことについての研究も精力的になさっていて、インド★南部で話されているドラビダ系の言語であるタミル語と、私たちの日本語が、起源的に関係があるんだ、という説を主張していらっしゃいます。

そういう難しい話には、もちろんここでは立ち入りません。『日本語練習帳』で展開されている日本語についての、現代の国語学者の考えを見ていこうというわけです。この本、ものすごく売れたということはみなさんもご存じのことだと思います。二百万部ぐらいでしたかね。とにかく大ベストセラーでしたから、この本を読んで、日本語の文法ってこんなもんだったのかー、と新たな感慨を得られた方がたくさんいらしたでしょう。

★インドでは、北部はヒンディー語に代表されるヨーロッパ系の諸言語、南部では、タミル語、マラヤーラム語、カンナダ語、テルグ語のようなドラビダ系の諸言語が使われています。

ですが、今までお話ししてきたことからもお分かりになるように、コトバの文法っていうのは、やっぱりなかなか難しいもので、いろんな項目についてたくさんの学者があれこれ研究をしてきているにもかかわらず、うんこれでいいんだ、もうこの点について研究は誰もやらなくていいぞ、みたいになっている部分はほとんどないように思います。

まあそれだけ、これからも研究できる材料がたくさんあって、言語学も日本語学もまだまだ未来のある分野だ、ということにはなるのでしょう。そういうわけで、大野氏のこの『日本語練習帳』で書かれている内容にも、うーん、これでいいのかなー？ と思われるところがいろいろあるような気がします。

「文節」だけではやっぱりまずいことは分かるんですが

本題に進む前に、本書の最初で文句をつけたあの「文節」のことを大野氏がどういうふうに考えているかをちょっと見ておきましょう。時枝誠記もそうでしたが、大野氏も文節を使って日本語の文のしくみを考えようとするのはいけない、と述べています。文を文節に区切るだけでは、文節と文節の間の意味的な関係が分かるわけではないから、日本語の文の意味を理解するためには不十分だ、ということです。

これは確かにそうだろうと思います。どんなコトバでもそうですが、文を構成している文節だの単語だのが、どういうようなしくみでまとめ上げられて文全体を作っているのかという、文の「構造」をきちんと決めなければ、文全体の意味は分かりません。たとえば「私は太郎と花子は賢いと話した」なんていう文の構造には二通りあります。簡単に図で表すと、次のようになるでしょう。

ア　私は　太郎と花子は　賢い　と　話した。

イ　私は　太郎と　花子は　賢い　と　話した。

思わず時枝の入れ子型方式を使ってしまいましたが、あくまで分かりやすく構造を表すという目的のためで、構造の表し方は入れ子型方式でよかったんでした、と宗旨替えしたわけではありません。それにこれだけでは文の構造の全体をきちんと表したことにはなりませんよね。

まあ要するにアだと、「太郎と花子」が一つの大きな単位になっていて、「賢い」の主語としての働きをしているんだけれども、イでは、「太郎」と「花子」は別々のままで、

「花子」だけが「賢い」の主語になっているということですね。で、アのような構造では、「太郎と花子が賢いんだ」という内容の話を私がした、という意味になりますし、イのような構造だと、「花子は賢いねー」という内容の話を私は太郎と一緒にした、という意味になるわけです。

こういうふうに、文がどういう構造をもっているか、ということと、文がどういう意味を表すかということは、とっても密接な関係をもっているのでして、「私は〓太郎と〓花子は〓賢いと〓話した」みたいに単純に文節に分けただけでは、この文に二つの意味があるということは説明できません。

ここまでは、大野氏の考えで問題ないと思います。ですが大野氏は、肝心の文節の決め方は、橋本進吉のもので「分かりやすい」と言っているのです。でも前にお話ししたように、橋本は文を作っている要素を、意味が分からなくならない程度に「自然に」★切って発音すると、それで文節という単位が現れてくる、みたいなすごくアイマイな説明をしていたんでした。うーん、これってちっとも分かりやすくないと思うんですが、いかがでしょう。

「カエルはヘビに食べられかけていたようだったね」なんていう文の「食べられかけていたようだったね」を自然に切って発音すると、「食べられ」「かけて」「いたようだったね」になるんだ、とは私にはどうしても思えません。今学校で教えられているような、文節を設定するやり方にはずいぶん問題があるんですから、分かりやすい、なん

★こういうのって、シャチとサメは、「自然に」見るとどっちもよく似ているから、同じ仲間に分類しておこう、なんていうのと同じじゃないか、という気がするんですが。

て言わないで、どうせならこのへんのところも批判していただきたかったなー、と思います。

「ハ」と「ガ」を「既知」と「未知」で説明するのは不十分

それでは、大野氏が日本語の文法について説明しているところを見てみましょう。とは言っても、ほとんどが「ハ」と「ガ」の違いについてなんですが。「ハ」と「ガ」の違いについては、以前はよく「ハ」は聞き手の知っているモノ（「既知」のモノとか「旧情報」★などと言われます）の後に来て、「ガ」は聞き手の知らないモノ（「未知」のモノとか「新情報」などと言われます）の後に来るなどと説明されていて、大野氏も『日本語の文法を考える』という著書ではその説を採用していました。

ですがこれだと、たとえば「私は大野です」と「私が大野です」の違いが、やっぱりどうも説明しにくいように思います。「私」っていうのは話し手のことですから、この単語が指しているモノは聞き手には自動的に知られていることになり、素直に考えればいつでも「既知」です。だったらいつも「ハ」を付けなければいけないはずなのに、「ガ」を付けたっていいのはおかしいぞ、ということになりそうです。

ただこういう例は誰だって思いつきますから、一応の説明はされています。「私が大野です」という文は、「誰が大野ですか」みたいな疑問文の答えとして使われるんだか

★「情報」は要するに「事柄」のことですから、モノ一つに「情報」という名前をあてることは、実は問題なんじゃないでしょうかね。

ら、「誰」が指しているのはもちろん「未知」で、そうなると「私」も未知として扱われるんだ、というような感じの説明です。

でもこれって苦しいですよね。「誰が大野ですか」の「誰」はもちろん未知に決まっていますが、「私が大野です」という文は、その未知だった「誰」が、実はあなたも知っている、つまり既知の「私」なんですよ、という内容なんじゃないでしょうか。だったら、「私」は「私が大野です」の中でも依然として「既知」なんでして、「誰」にあたる人をさしているんだから未知なんだ、っていうのは、うーん、やっぱり変です。

これってたとえば、「この自転車、君にやるぜ」なんて言われたので「わーい、ありがとう」と言って乗っていたのに、「前はオレのだったんだから、お前にやったんだけど、今でもオレのだ、文句ないだろ」みたいに訳の分からないことを言われているのと同じようなものではないでしょうか。その自転車の「現在の」所有者が誰かということは、以前の所有者が誰だったかということとは全然無関係ですよね。「この自転車の所有者は～です」という事柄について、あくまでも大切なのは、その自転車が誰のものか、ということだけなんでして、過去の状態なんかを考えに入れる必要はありません。

ここで大事なのは、「X＝大野」みたいな内容は分かっていて、そのXがどの人なのかを言う時には、「Xが大野です」という「ガ」を使った言い方になる、ということなんだろうと思います。このことについては第3章でまたお話ししますので楽しみにしておいていただくとして、とにかく、こういう場合だったらXが聞き手に知られていることもあれば、知られていないこともありますよね。Xが「私」＝話し手だったら既知ですし、Xがたとえば「田中さんの家の隣の人」みたいな人だったら、まあ知られていないのが普通でしょう。

こういうふうに、誰でも思いつく反例★にすらうまくは答えられないなんていうこともあって、今では「既知」と「未知」で「ハ」と「ガ」の違いを説明するのははやりません。

「ハ」の働きは四つに分類されます

『日本語練習帳』では、多分今お話ししたような理由から、「ハ」と「ガ」の違いについて、「既知」と「未知」（「旧情報」と「新情報」）という性質を前面に出して説明されてはいません。まず「ハ」についての説明がどうなっているか見てみましょう。

大野氏によれば、「ハ」の働きは次の四つに分類されます。それぞれについて、大野氏があげている例文もあげておきます。

① 問題を設定して下にその答えが来ると予約する。
「山田君★はビデオにうずもれて暮らしている」

② 対比

★もちろん説明がつく例もあることは確かなんでして、だからこそ以前にはこの説明で通っていたんですが。

★うーん、でもこの例文、あの鹿児島だか宮崎だかいう幼女連続殺人のヒトのことを連想してしまいますなー。

「山田さんは碁は打つが将棋は指さない」

③　限度

「十日まではだめです」「四時からはあいています」

④　再問題化

「花子は美しくは見えた」「太郎は訪ねては来た」

①の分類だけは名前がずいぶん長いですが、簡単に言えば「主題」とか「話題」とか「問題」とか言われるものを提示するということです。これからは「主題」とか「問題」という名前で呼ぶことにしましょう。

「ハ」の働きを、「主題」「対比」「限度」「再問題化」★みたいに、とりあえず四つに分類するというのは、多分そんなに異論があることではないと思います。

「主題」が「問題」です

さて、この四つの働きのうちで一番よく使われるのは、みなさんもお分かりのように、何といっても①の「主題」「問題」です。「主題」と「主語」は、名前はよく似ていますが実際には違うもので、「山田君はビデオにうずもれて暮らしている」だったら「山田君」を主語と言うこともできるでしょうが、「山田君は私が推薦しました」とか

★ただし「再問題化」っていうのは、なんとなく分かりにくい名前ですが。

「山田君は妹がいます」みたいな文だと、「山田君」★を主語だとするのは難しいと思います。

ここまではいいんですが、それでは「主題」とか「問題」とかいうのは一体何なんだろう、というのが、ホントは一番難しい「問題」だと思います。なんでこんなことを申し上げるのかというと、「山田君はビデオにうずもれて暮らしている」とか「山田君は学生だ」みたいに、「山田君」が主語になっている文だと、「ハ」を「ガ」に取り替えても「山田君がビデオにうずもれて暮らしている」「山田君が学生だ」というちゃんとした文が出来てしまうからなんです。

つまり、「山田君は学生だ」の「山田君」のことを、大野氏が言うように「問題」なんだとすると、「山田君が学生だ」の「山田君」をどうして「問題」と言ってはいけないの？ という疑問がどうしても出てきてしまうわけです。どちらの文も、「山田君」が主語で、「学生だ」が述語なんでして、となるとどちらも、「山田君」という主語の性質が「学生だ」という内容を表しているんだよ、ということになってしまいます。そうすると、内容が同じなんだから、「山田君は学生だ」の「山田君」が「問題」なんだったら、「山田君が学生だ」の「山田君」も「問題」なんだ、としてしまいたくもなるというものです。

もちろんこんな疑問に対してなら、いやー、キミ全然分かってないねー、「山田君は学生だ」っていう文は「山田君はどういうヒトかっていうと、学生だ」っていう意味

★もちろん、「主語」の定義を変えてしまえば、こういうのも主語と呼ぶことはできますが、主語っていうのは、普通はある動作を実際に行う主体とか、ある性質とか状態にある主体を表すものです。

じゃないか、それなのに「山田君が学生だ」っていう文だと、これは「誰が学生かっていうと、それは山田君だ」っていう意味だろ、全然意味が違うじゃないか、だから「山田君は」は「問題」だけど、「山田君が」は「問題」じゃないんだよ、なんて言って一蹴することもできるかもしれません。

うーん、なんとなく分かったような気もします。ということは、「山田君は……」っていうのは「山田君」のことを事柄の中心にして述べる文で、「山田君が……」は、述語の「……」の部分を事柄の中心にして述べる文なんだ、ということになるのでしょうか。確かに「山田君が学生だ」は「学生は山田君だ」という「は」を使った文に言い換えられますよね。だったら今みたいな説明でもいいことになるのかもしれません。

ですが「が」を使っていても述語の部分が事柄の中心になっていない文もたくさんあって、「おい、山田君がテレビに映っているぞ」とか「山田君がテレビに出たって聞いたぞ」みたいな文がそうです。こういう文の内容を「誰がテレビに映っているかというと、それは山田君だ」とか「誰がテレビに出たことを聞いたかというと、それは山田君だ」なんて形で説明することはできませんよね。

となるとこういう文★では、「山田君」のことが事柄の中心となって述べられているということになりそうです。だったらこんな例では、「山田君が」が「問題」になるんじゃないの、と思うことだってできるのではないでしょうか。

★二番目の例は複文ですから、「山田君がテレビに出た」という従属文のところを考えてください。

「問題」はいったん文を切るんです

こういう疑問に対してもちゃんと答えは用意されていて、大野氏も「〜は」のところで文がいったん「切れる」のです、と説明しています。もちろん文が刃物をもって暴れ出すなんていうことではなくて（くだらねー）、文の構造ということを考える時に、「〜は」の部分が、文の他の部分と対等の関係にあるということです。伝統的な国語学では、「『ハ』は文末と結ぶ」みたいな言い方をされています。

「『ハ』のところで切れる」とか「『ハ』は文末と結ぶ」なんて言われてもなんとなくピンとは来ないのが普通だと思います。たとえば「花子は愚痴を言うと怒る」という文では、「花子」は「怒る」の主語で、「愚痴を言う★」の主語ではない、という意味にとるのが普通ですよね。つまり、誰かが愚痴を言うと、花子は怒るんだ、という事柄をこの文は表しているわけです。ということは、「花子は」は文の最後にある「怒る」とつながっているんだ、ということになります。これが「文末と結ぶ」という言い方が表していることです。

一方で、「花子が愚痴を言うと怒る」だと、これは「花子が愚痴を言うと、誰か花子じゃない人が怒る」という意味を表しています。ですから「花子が」はすぐ後ろにある述語の「愚痴を言う」とつながっていて、「怒る」とは結びついていないわけです。

★ただしこの文でも、花子が愚痴を言うと、そのことで自分が怒る、みたいに「愚痴を言う」の主語も「花子」であっていけないということはありません。でも、自分で愚痴を言って、それで腹を立てる変わり者は滅多にいませんから、「愚痴を言う」の主語は、花子とは別人だとしておいていいですね、ということです。

これとは違って、「花子は愚痴を言うと怒る」という文では、「花子は」の部分は「愚痴を言う」の部分とはつながっていないのですから、言い換えれば「花子は」のところでこの文は、いったん「切れている」んだ、ということになります。

このあたりのことを、「山田君は／が学生だ」という文を使って図で表してみると、大体次のような感じになります。

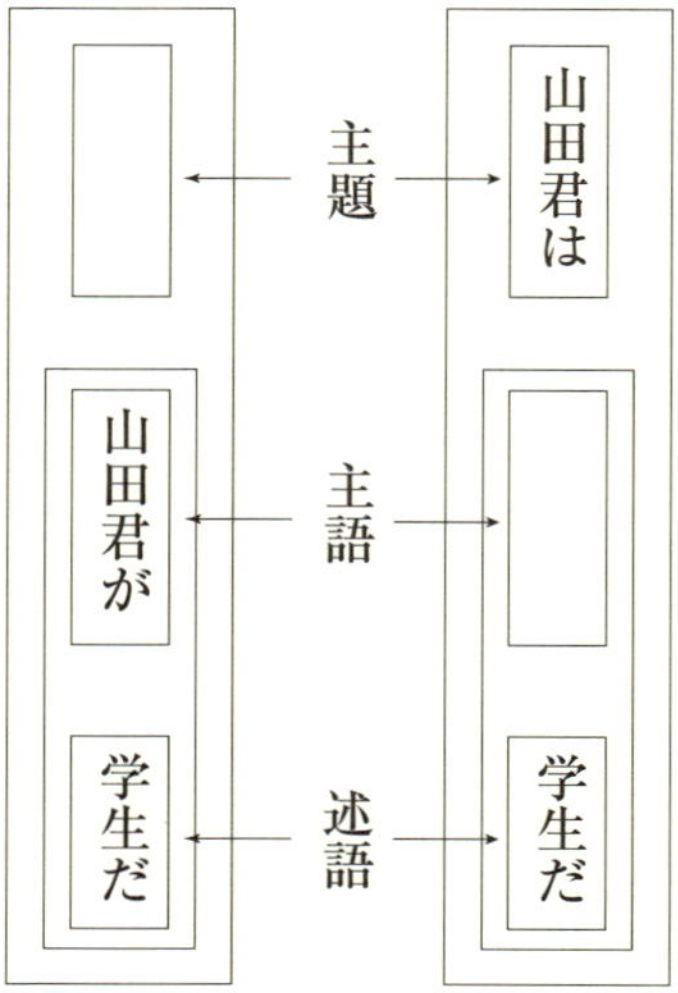

要するに、日本語の文がもっている基本的な構造の中には必ず「主題（問題、話題）」を表す語句が含まれていて、その主題は文の他の部分とは独立しているんだ、でも「山田君が学生だ」みたいに「〜は」をもたない文には主題がないんだよ、ということですね。

切れていたらどうして意味が違うのですか？

はい、文の構造としてはまあ多分こんなところだろうと思います。つまり、文を成り立たせているしくみの中では、「山田君は」と「山田君が」は違うんだよ、だから「ハ」の付いた名詞を「主題」とか「問題」と呼ぶのはいいけれど、「ガ」の付いた名詞を同じ名前で呼ぶのはいけないぞ、ということですね。ですがこれだけでは、「山田君は学生だ」と「山田君が学生だ」という二つの文が表している意味がどう違うのか、ということはちゃんとは説明できないのではないでしょうか。

もちろん、コトバにもともと備わっている性質として、文の★構造が違えば表す意味も違ってくる、という大原則はあるのだろうと思います。ですが、構造がこういうふうになっていると、意味はこういうふうになるんだよ、みたいな形の、「構造と意味の関係」のことをちゃんと言ってくれなければ、「山田君は学生だ」と「山田君は学生だ」は、ほら構造が違うだろ、だから意味が違うのが当たり前なんだ、みたいに言われても、へぇー、でもそれだけじゃあよく分かりませーん、という正しい★疑問をもっている人を納得させることはできないように思います。

たとえば、角度三十度の斜面と角度六十度の斜面があったとして、その斜面の上からボールをころがすとします。そうすると、六十度の斜面のほうがボールが速くころがる

★この原則がホントかどうか、というのは、実は言語学の大きな宿題なんですが、今のところは一応認めておくことにしましょう。

★もちろん単に理解できなかった人でもいいです。

るというのは誰にでも観察できる事実です（多分）。でも、これってどうしてなんですか――？　と聞いた人に、そりゃ、斜面の角度が違えば速度も違うに決まってるだろ、六十と三十じゃ、六十のほうが大きいから、速度も大きくなる道理さ、みたいに答えたのでは、ちゃんとした答えにはなりませんよね。★斜面の角度と、その斜面を運動する物体の速度の間にどういう関係があるのか、ということをきちんと説明してはじめて、この二つの斜面をころがるボールの速度にどうして違いがあるのか、という疑問にきちんと答えたことになるのです。

まあそういうわけで、「『ハ』は主題を表すんです」とか「『ハ』のところで文はいったん切れて、『～は』と文末がつながるんです」みたいに言っただけでは、「山田君は学生です」と「山田君が学生です」という二つの文の意味の違いは、ホントのところは分からないということになるでしょうね。もちろんこれで、さっきの「花子は愚痴を言うと怒る」と「花子が愚痴を言うと怒る」が表す意味の違いなんかは説明できるわけですから、説明として間違っているということではありません。★ただもっと先に進んだ説明がいるぞ、ということです。

「ハ」には対比をする働きもあります

さて、「ハ」が対比を表すことがあるというのは、大野氏があげている「山田君は碁

★こういう図で表されるのでした。

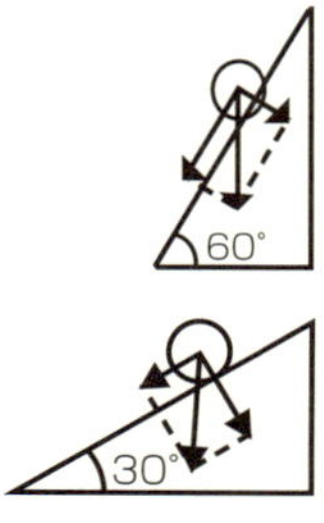

★このことについては、第3章でもう一度説明します。

は打つが将棋は指さない」みたいな、（ちょっと古くさい）例文からよく分かりますよね。この文は、「山田君が将棋を打つ」ことと「山田君が将棋を指さない」ことを対比させているわけです。

普通「ハ」が対比を表す場合としては、今あげた例文とか、「太郎は踊ったが花子は歌った」みたいな、「Xは……Yは……」という形の文があります。こういう文だと、対比されている二つ★の事柄が両方ともきちんと表現されています。

それからもう一つ、これも大野氏が『日本語練習帳』であげている「私はネコは嫌いだ」みたいな文だと、「私はネコは嫌いだけれども、他の動物だったら好きだ」ぐらいの内容を表しています。つまり、「ネコは」の部分が対比されている事柄の片割れだけを表していて、もう一つの片割れは、まあ想像してくださいよ、という感じで、はっきりとは言われていないわけです。

他にも「花子はピザは食べた」（他のモノは食べなかった）とか、「練習には太郎は来た」（他のヤツは来なかった）みたいな対比を表す文があることを考えると、「XはYは……」という形の文では、最初の「Xは」の部分は、さっきお話しした「主題（問題）」を表していて、次の「Yは」の部分が対比を表すということになるようです。

それから対比の次の「限度」を表す「四時からはあいています」みたいな文も、「四時まではしまっている」ぐらいの事柄と対比されていると考えることができますから、大野氏も述べているように、やっぱり対比の仲間に入れることができるでしょう。

★二番目の文では、「太郎が踊った」ことと「花子が歌った」ことですね。

こういう文以外にも「全員は来なかった」（一部は来た）とか「その力士の体重は二百キロはある」（二百キロ以下ではない）、それから「ゆっくりは走らなかった」（少しは速く走った）みたいに、「数量や程度を表す語句＋は」という形になると、「ハ」が「限度＝対比」を表すことになるようです。

「再問題化」って一体……

もう一つ、大野氏が「再問題化」と呼んでいる「美しくは見えた」とか「訪ねては来た」みたいな例がありました。これって、「美しく見えた」とか「訪ねてきた」という述語の部分に「ハ」が付いているわけです。ふーん、述語にも「ハ」が付くのかー、と感心してしまいますね。なかなか奥が深いものです。他にも「★太郎の父親は酒を飲んでは暴れた」みたいな文だと「酒を飲んで」という、文と言ってもいい表現の後に「ハ」が付いていますよね。

「美しくは見えた」だと、「でも中身はひどかった」みたいな感じの事柄と対比されているわけですし、「訪ねては来た」も、「でも来たのは遅かった」みたいな事柄と対比されていると考えてよさそうです。だったら、これもやっぱり対比の仲間だとしていいのだろうと思います。大野氏は、まず「美しく」とか「訪ねて」という判断をして、次に「ハ」でまたそれをもう一回問題として確定してから、その後でそれに対して「見え

★この文についてはまた第3章で取り上げます。

た」とか「来た」なんていう新しい情報を与えるのだ、だからこういうのを「再問題化」と呼ぼう、と述べています。

ということは、「花子は美しくは見えた」という文だったら、まず「花子が美しい」という判断をしました、次にそのことをまた問題にしました、そしてその問題については、「見えた」ということでした、みたいな内容だということになるのでしょうか。うーん、ずいぶん複雑ですねー。まあ確かに「美しく」の後に「ハ」が続いているわけですから、単語の意味を組み合わせて文が表す意味を作り上げよう、という立場からすると、こういう考え方をするしかないのかもしれません。

でもこういう考え方をするにしても、「美しく」の部分は形容詞の連用形なんでして、「美しい」とか「美しかった」みたいな言い切りの形ではないわけです。だったら「美しく」だけだと、それが表している事柄が事実なのかどうかは、最初から分からないということになります。ということは、「美しく」に「ハ」が付いた形は、「美しいかどうかということを問題にする」というだけのことなんじゃないでしょうか。

そうすると、「花子は美しくは見えた」というのは、「花子が美しいかどうか」という問題について、「見えた」という判断をした、みたいな言い方ですんでしまうはずです。だったらわざわざ「再」問題化、なんて言わなくてもいいと思うんですが。それに、問題化だろうが再問題化だろうが、これだと最初の「問題（主題）を表す」という「ハ」の働きと基本的には同じだということになるわけですが、それだとどうして「美しくは見えた」とか「訪ねては来た」という言い方に対比の意味が出てくるのかが、それだけではきちんと説明できないことになりますよね。

ですから、とにかく対比の意味があることには変わりがないんですから、とりあえずはこういう言い方も対比の仲間に入れておいて、その次に主題と対比の関係を考えるというほうが、説明としてはシンプルなんじゃないだろうかと、私なんかは考えています。

主題と対比ってずいぶん違うようにも見えますが

さて、「ハ」に主題と対比という大きな二つの意味があるのは、細かい分類はともかくとして、まあ誰でもが認めるところでしょう。でも二つ並べてみると、主題と対比ではずいぶん働きが違うようにも思えます。一つは、「事柄の中心はこれですよ」なんていう内容を表すわけですし、もう一つは「この事柄がありますが、でももう一つ他の事柄もあります」ということを表しているんですよね。うーん、やっぱりあんまり共通性があるようにも見えません。

ですが、たとえば「田中君は行ったよ」なんていう文の意味を考えてみますと、「田中君はどうしたの」なんていう質問に対する答えだったら、「田中君」が事柄の中心になって、別に他の人のことと比べているわけではありません。つまり「ハ」は主題を表すということですね。ところが、田中君以外の人はどうも行かなかったんじゃないかなー、と聞き手が思っているような場合にこの文が言われたのだったら、「田中君は行ったけど、他の人は行かなかった」という対比の意味にとられそうです。

　こういうふうに、同じ文の中にある「ハ」でも、使われる状況によって主題を表すこともあれば対比を表すこともある、ということですから、はい、やっぱり「ハ」の基本的な働きは一つで、使われる条件によって違った働きをするようになるんだ、と考えたほうがよさそうです。

　このことについては大野氏も、「『ハ』はすぐ上にあることを、他と区別して確定したこと（もの）として問題とする」という「根本的性格」があるんだ、と述べています。この「他と区別して」というところが大事で、区別されるモノやコトがはっきりしている場面では「対比」の働きになるし、そういうモノやコトがどうもなさそうな場面では「主題」の働きになるんだ、みたいに理解すればいいのだろうと思います。

　ただ、主題は文の中心になるモノを表して、述語と結びつくということでしたよね。文★が表す事柄の枠組みを作るのが述語ですから、主題は事柄全体の性質を決める働きをしているんだ、と言っていいわけです。ですから、一つの文には普通は一つの主題しかないと考えることができそうです。

　そして、さっきあげた文の構造を表す図でもお分かりのように、主題を表す語句は文の他の部分から独立しているわけでして、そうなると、「花子★は皿は洗った」みたいに

★「来た」と言えば、とにかく何かが来た、ということは分かりますが、「太郎は」だけ言われても、それだけでどういう事柄なのかは分かりません。

★理屈の上では「ハ」をいくつ使ってもいいんでしょうが、「花子は皿は洗剤では洗った」みたいに「ハ」が三つもある文は、滅多に使われませんよね。

「ハ」が二つある文では、主題と対比を表す語句が、文の構造の中でどういう位置にあるかがその語句の意味的な働きにも関係しているはずだ、という見方からすると、この二つは同じじゃないぞ、ということになります。要するに、主題だと文中での「切れ目」がはっきりしているけれども、対比だといつもそういうわけでもないということです。

ですからやっぱり、さっき申し上げたような、構造★と意味の関係、なんてものをはっきりさせないことには、「ハ」の基本的な働きは一つだとしていいんだ、ということに文句がつけられない説明をすることは難しいような気がします。

「ガ」の働きは二つで、一つは現象を表すのです

それでは、大野氏は「ガ」についてはどういう働きをがあると説明しているのでしょうか。彼によれば、「ガ」には、①名詞と名詞をくっつける働き、と②現象文を作る働きの二つの働きがあるとされています。

二番目の「現象文」っていうのは、「おやこんなところに花が咲いているぞ」とか「通りを車が走っていた」みたいな文のことを言います。こういうのを「現象を描写する文」なんだ、ということで「現象文」と呼ぶことになっているようです。まあ「花が咲いている」とか「車が走っていた」なんていう文が表す事柄を「現象」と呼んでいけ

★文の意味と構造では、何といっても意味のほうが大切ですから（そうでないと、コトバがもつ伝達という働きを軽く見ることになってしまいます）、意味が構造を決める、という立場でまずは考えを進めたほうがいいのではないか、と私なんかは考えています。

ないことはないんでしょうね。

ただ、「ガ」の働きを考えよう、なんていうときには、「ガ」は現象文に使われます、現象文は現象を表す文です、なんていう分かり切った説明ではいけないでしょう。特に、なんで現象文だと「ガ」を使って「ハ」を使っちゃいけないんですかー、という疑問には、これだけでは答えられないと思います。

このへんのことはまた第3章を読んでいただくとして、とりあえず、「現象」っていうのは、「ある特定の時点で起きる一つの事柄」のことなんだと考えておくことにしましょう。「おやこんなところに花が咲いているぞ」という文だったら、「現在」という特定の時点で「花が咲いている」という事柄が起きているわけですし、「通りを車が走っていた」という文なら、特定の過去の時点で、「通りを車が走っている」という事柄が起きたんだ、というわけです。

こういうふうに考えると、たとえば「サクラの花は春に咲く」なんていう事柄は、こういうのだって「現象」じゃないか、と考える人もいるかもしれませんが、昔から今まで、そしてこれからも毎年起こるたくさんの事柄を表しているわけですから、現象文の★仲間には入れてやらないぞ、ということになります。

それに、うん、現象文じゃないんだから、確かに「ガ」じゃなくて「ハ」が使われているなー、なんて、少し納得することもできます。ただその納得もすぐ消えてなくなるんでして、あれー、でも「サクラの花が春に咲く」なんていう文だって言えるぞ、なん

★もちろん、普通の使い方では、「サクラの花は春に咲く」も「現象」なんだ、と言って構いません。ただ、「現象文」という用語が表す事柄の種類には入っていないということです。

ていうことは、ちょっと考えればすぐ気づきますよね。

はい、「ガ」を使っていたらいつも現象文なんだ、ということにはならないわけです。それに、「花子がどうしてるって？　花子はテレビを見ているよ」なんていう言い方の、「花子はテレビを見ている」という事柄も、さっきお話しした現象文の定義に合いますよね。ということは、現象文だったらいつも「ガ」を使うんだ、ということにもならないということです。

というわけで、「ガ」は現象文に使われます、と言うだけでは、「ガ」という助詞の基本的な働きをきちんと説明したことにはならないのでして、やっぱり現象文とは何か、とか、「ハ」のときに考えたように、「ガ」の前に来ている名詞には一体どういう性質があるんだろう、なんてことをよーく考えてみる必要があるぞ、ということになりそうです。

「ガ」は名詞と名詞をくっつけるのです

「ガ」が名詞と名詞をくっつける、っていうのは、これだけでは分かりにくいですよね。名詞と名詞をくっつける、と言われたって、すぐ思い出すのは、「学生時代」★（「学生」＋「時代」）とか「独裁政治」（「独裁」＋「政治」）みたいな複合名詞や、「太郎の本」とか「ドラゴンズの優勝」みたいに、「ノ」を使って二つの名詞をくっつけたりすること

★「蔦のからまるチャペルで」で始まる歌詞がなつかしい、ペギー葉山の歌ったヒット曲がありました。

です。

ですがここで言われているのは、「佐藤君が学校に行かなかったことを知った」とか「花子が作った料理を食べた」みたいな、「ガ」が従属節で使われている例のことです。大野氏は、こういう文の「佐藤君が学校に行かなかったこと」「花子が作った料理」が、「Xが……スル［名詞］」みたいに表される構造をもっていることから、「ガ」は、Xと後ろの名詞を「くっつける」働きをするんだ、と説明しています。

そうですねー、確かに「ガ」を「ハ」に変えて、「佐藤君は学校に行かなかったことを知った」とか「花子は作った料理を食べた」にすると、「佐藤君」「花子」は後ろの「こと」や「料理」とは離れてしまいますから、「ガ」が二つの名詞をくっつける働きをしていると言えないこともないかもしれません。このことは、「ハ」のところで構造についで考えたときにお話ししたとおりです。

でも、文法的に考えてみて、ホントにくっついているといえるのは「佐藤君が学校に行かなかった」という「名詞節」と「こと★」という名詞、「花子が作った」という「関係節（形容詞節、連体修飾節）」と「料理」なんじゃないでしょうか。普通、文の構造なんかを考えるときには、そういうふうに言うと思うんですが。

つまり、ここの「ガ」で問題になっているのは、名詞節と関係節みたいな「従属節」の中でどうして「ガ」を使わなければならないんだろうか、ということです。たとえば「花子は美しい」という「ハ」を使った文でも、従属節の中に入れてしまうと、「花子が

★こういう「こと」とか「昔はよくパチンコに行ったものだ」の「もの」なんかを、学校文法では「形式名詞」と呼んでいましたよね。でも考えてみると、「形式」って何なんでしょう。形だけは名詞だけど、名詞とは違うぞ、ってことなんでしょうか。でも「形」と「形式」は違うものだと思うんですが。

美しいのにみんな驚いた」みたいに、「ハ」ではなくて「ガ」を使わなければならなくなります。もちろん大野氏は、「従属節」みたいなコムズカしい文法用語を使わないいために、名詞と名詞を「くっつける」なんていうやさしい表現をされたのだろうと思います。ですから、用語については特に申し上げることはありません。

ただやっぱり、こういうふうに従属節の中で「ガ」が使われることと、さっきお話しした現象文で「ガ」が使われることとの関係が全然はっきり分からない、というのは問題だと思います。「ハ」の場合には、主題と対比の意味が一つの基本的な働きをもとにして説明されるんだ、ということだったわけですから、「ガ」についても同じような、一つの基本的な働きからの説明、ということができてもよさそうな気がします。

それから、「山田君が学生です」みたいな、現象文とも名詞をくっつける働きとも言えない例があることも確かなわけで、こういうのも、「ガ」がもともとどういう働きをする助詞なのか、ということをきちんと言わない限りは、うまく説明できないのではないでしょうか。

人称代名詞の体系は人間関係のあり方を反映したものです

『日本語練習帳』には、日本語の文法についての話だけではなくて、文章の書き方とか表記のこととか、いろんな話題が取り上げられています。それからまた、外国語との対照ということもあちこちで触れられていて、それなりに興味深いのですが、ちょっと気になるところがないわけでもありません。そのあたりのことについて少しお話ししてみましょう。

まず、日本語の人称代名詞についての話を見てみましょう。日本語には、一人称だと「わたし、わたくし、おれ、おいら★、ぼく、我輩、拙者」、二人称だと「あなた、お前、てめえ、きみ、おぬし、貴様、貴殿」、三人称だと「彼、彼女、あいつ、そいつ、こいつ、あちら」みたいに、人称代名詞として働く単語がずいぶんたくさんあります。ところが一方で、英語だと、一人称が I（単数）と we（複数）、二人称が you（単数と複数）、三人称が he, she, it（単数）と they（複数）だけで、他にはありません。フランス語やドイツ語なんかの、ヨーロッパの諸言語でも同じことで、こういう言語には人称代名詞のきちんとした体系があります。

人称代名詞について、日本語と英語でこういう違いがあるのは、大野氏によれば、英語を使う人たちが「すべての人間関係をつねに日常的に、はっきりと相互に根本的に違う立場の者と認めている」からだそうです。これに対して日本語を使う社会では、「いつも相手は自分より上なのか下なのか、遠いのか近いのか、親しいか疎いかを、込みにしてとらえ、その条件のもとでしか相互に接触ができない」ことになっていて、そういう捉え方を敬語で表現しているのだ、ということなのだそうです。

★『喜びも悲しみも幾年月』という（長ーい）映画の主題歌が、「おいら岬の灯台守よー」で始まっていましたが、少なくとも私の周囲で、この形を使っている人は知りません。

うーむ、人称代名詞の数が違うということから、いきなりこんな人間関係についての結論が出てくるもんなんでしょうか。まあ確かに、日本語では相手が自分より目上か目下か、親しいかそうでないか、などの条件で、人称代名詞の「使い分け」をします。だから、道であった初対面の人だと、その人がどういう素性の人だかが分かるまでは、軽々しく「あなた」なんていう代名詞を使って呼びかけたりはしないわけですよね。

ですが、日本語に人称代名詞がないというのならともかく、ちゃんと一人称も二人称も三人称もあって、その上英語よりも細かい使い分けをしている、っていうのが事実なわけです。だったら、日本語を使う人は、英語を使う人よりもずーっときちんと、人間関係についての立場を区別しているんだ、みたいな結論になるのが普通じゃないんでしょうか。

それに、大野氏みたいな結論を出すためだったら、日本語では、たとえば「消しゴムもってる？—うん、もってる」みたいに、人称代名詞を使わなくても全然構わないのに、英語だったら、Do you have an eraser? — Yes, I have one. みたいに、分かり切っている場面でも必ず人称代名詞を使わないといけない、という性質のほうがよっぽど大切なんじゃないかと思います。

人称代名詞を使うべきときには必ず使わなければならない、という事実からだと、そうです、英語を話す社会では、いつも自分と相手とか、自分と誰か他の人なんかとの間の関係を、きちんと意識しているんです、なんていう結論が出ても、まあそうかもしれ

★大体ヨーロッパの言語というのは、もともとは動詞の活用形で主語の人称をきちんと表していたのでして、英語でもそれが人称代名詞という形で残っているんだと考えればいいように思います。

ないかなー、と思わないでもありません。ですが、人称代名詞の体系そのものは別にそんなに変わりがなくて、数だけが違う、というだけなんだったら、人間関係についての立場をいつも区別しているかどうかなんてのは、分からないとしか言いようがないような気がします。

コトバから思考を推測するのは難しい

それに、コトバの性質と、それを使う社会のものの考え方（思考）との間に関係がある、なんてことはそうそう簡単には言えないようにも思います。英語で、牛の肉を表す単語に sirloin（腰の上部の肉）、rump（尻の肉）、shank（すね肉）、flank（脇腹の肉）、plate（あばらの肉）、ribs（肋骨つきのあばら肉）、brisket（胸の肉）みたいなのがたくさんあるのに、日本語では「〜の肉」みたいな言い方しかできない、ということから、英語を使っている社会では、牛の肉についての関心が日本なんかよりは強いんだろうな、なんていう想像はできるかもしれません（多分そうなんでしょう）。

こういうような、具体的なモノを表す名詞のレベルに限って言えば、どういう単語があるのかと、それを使っている人たちがどういう事物に強い関心をもっているのかとの間に関係があるんだ、ということはあるでしょう。実際同じ言語を使っている社会でも、たとえば鉄道関係の仕事をしている人たちは、車両★とか線路や駅の施設なんかにつ

★私が以前使っていたある私鉄の駅のホームには「転動防止」なんていう立て札が立っていました。

いて、私たちよりもずっとたくさんの単語を使っているわけでして、それは彼らのいる「社会」の性質からして当然のことです。

ですが、代名詞みたいなどちらかというと文法的な働きをする単語についてだと、そういう単語とものの考え方の間に、ホントに関係があるのかどうかは分からないような気がします。たとえば日本語には英語の a とか the みたいな「冠詞」がないのですが、だからといって、日本人が名詞の指すものが特定★のものなのか不特定のものなのかについて、取り立てて関心がない、なんてことは言えないと思います。

たとえば交番に行ってそこにいる警官に「犯人を見かけました」なんて言ったら、「ええっ、どの犯人ですか」と聞かれるのが普通ですよね。つまり「犯人を見かけた」という文の「犯人」は、警官にとっては不特定の犯人しか表していなくて、情報として重要なのは特定の犯人なのですから、警官は聞き返したわけです。

ということは、日本語を使っている人にだって、名詞の表すモノが特定なのか不特定なのかということは、ちゃんと区別する必要があるということになりますよね。たまたま日本語では、名詞のそういう性質だけをちゃんと表す単語がないだけのことで、たとえば「昨日東都銀行に押し入った犯人を見かけました」みたいな文の中だったら、「犯人」は特定のモノを表すわけですから、文中の他の語句との関係とか、あるいは文脈とかによって、名詞★が特定か不特定かを表すことは十分にできます。

中国語には、現在・過去・未来みたいな時制がありませんが、だからといって中国人

★ホントは不定冠詞と定冠詞の違いは、「特定」と「不特定」という性質だけではうまく説明できなくて、その正体はまだよく分かっていないんですが、ここではとりあえずこれだけですませておきます。

★ただし、どういう条件で、名詞が特定のモノを表したり、不特定のモノを表すのかは、まだよく分かっていません。

が時間についての認識がない、なんてことは、別に詳しく調べなくたってウソでしょう。ドイツ語やフランス語の動詞には、日本語の「ている」「ていた」とか英語の進行形のように、動作★の継続を表す働きをする形がないんですが、このことから、ドイツ人やフランス人が動作の継続がどういうものかを知らない、なんてこともありえません。

こういうふうに、ある言語で文法的な働きをする単語がどうなっているか、ということから、その言語を使う社会でのものの考え方を推測するのはずいぶん難しいことなんでして、代名詞の体系と人間関係についても、そうそう直接的な関連があるというわけにはいかないだろうと思います。

語源を知ることは面白いのですが

大野氏は日本語の歴史の専門家だけあって、『日本語練習帳』にも「努力いたします」のイタスは、イタル（至る）・イタダキ（頂き）のイタと語源が同じで、自分の頂点まで努力する」という意味なんだ、なんてことが書いてあって、なかなか勉強になります。

単語の語源を知ることは、コトバに関心のある人はもちろんですが、そうでない人にとってもなかなか面白いものです。「キノコ」は、もともと「木の子」だったんだよ、なんてのはちょっと考えれば分かるような気もしますが、それでも、ああ、そういえばキノコは木の根本なんかに生えているんだっけな、と名前の由来も納得できます。

★動作が完了していないこと、とも言えます。私なら動作の「部分」と言いたいところです。詳しくは第3章をお読みください。

「港」にしても、「水」を意味する「み」と、「〜の」の古い形「な」、それに「出入り口」を意味する「と★」が組み合わさってできた単語だと言われています。これを聞くと、なるほどなー、水の出入り口だから「みなと」っていう名前になったのか、うん、一つ賢くなったぞ、なんて思ってしまいますよね。

英語でも、ophthalmology（眼科学）なんていう難しげな単語は、ま、最終的には発音と意味と綴りをきちんと覚える以外にはないんですが、それでも、これがギリシア語のophthalmos（目）とlogos（学問）を組み合わせて作られたんだということを知っていれば、少しは覚えやすくなろうというものです。acrophobia（高所恐怖症）がacros（高い）＋phobia（恐れ）、rectangle（長方形）がrectus★（正しい、まっすぐな）＋angulus（角）だというのも、知っていて損はないでしょう。

こういう具合に、単語の語源★を知るということは、それだけでも面白いし、単語を覚える助けになることもあるというわけで、大いにやる価値のあることです。実際コトバの研究の一つの分野として「語源学」は昔から重要なものだとされてきています。

語源を知っていても単語の意味が分かるとは限りません

と、語源のことを持ち上げましたが、しかし、ある単語の語源を知っていることと、その単語の意味を正しく知っていることは別なんです。大体、私たちは普通「キノコ」

★今だと「戸」でしょうが、昔は「門」でしたね。

★この二つはラテン語です。

★「語源」というのは、ある単語のもとを指すもので、「フランス語の語源はラテン語だ」みたいな言い方はしません。

とか「港」の語源なんか全然意識していませんよね。それでも日本語をちゃんと使える人なら、こういう単語の意味はきちんと知っているんだし、「山にキノコを採りに行きました」とか「港に船が停泊しています」みたいに正しく使うこともできるわけです。

もうちょっと難しい漢語だって、たとえば「怒号」の意味を知っている人は多いと思います。でも、「号」って「ひかり号」とか「創刊号」の「号」は知ってるけど、「怒号」は列車や雑誌の名前なんかじゃないですよね。そういえば「号泣」なんていう単語もあるから、「はげしい」くらいの意味かな、なんてことがちょっと想像できるくらいです。それでも「怒号がうずまいた」とか「怒号が飛び交う中で」みたいな文だったら、誰でも作ることはできます。

つまり、私たちは「怒号」の語源を全然か、あるいはほとんど知らなくても、この単語の意味をきちんと知っているのだし、正しく使うこともできるということなのです。それに、語源を知っていたって、今使われている意味を知るのには何の役にも立たないことだってたくさんあります。「高等学校」と「大学」なんてのもそういう例の一つじゃないでしょうか。「高等学校」は「高等な学校」で、「大学」は、律令時代の官吏養成機関としての「大学寮」なんてのもありましたが、とにかく「大きな学校」というのが語源としての意味なんでしょう。

でも「高等な学校」と「大きな学校」という意味だけ知っていたって、今の日本語でどっちが上級の学校なのかなんてことはまず絶対に分かりませんよね。どっちかというと「高等学校」のほうが、なんせ「高等」なんですから、「大学」＝「でかい学校」よりも上のような気がしたりするくらいです。

数学で使われる「整数」とか「実数」とか、医学用語の「血清」とか「座薬」とか、とにかくもともとの漢字の意味、つまり語源からだけでは、意味がまず分からない単語はいくらでもあります。ほんと、落語や漫才ではありませんが、「座薬」っていう字だけ見ると、これって「座って飲む薬」なんだろうとしか思えませんよね。

英語でも事情は同じなんでして、intend「意図する」なんていう単語は、よくできる中学生なら知っているくらいの基本語でしょう。でもこの単語の語源は、in（中に）＋tendere（伸ばす）なんでして、「中に伸ばす」という語源的意味から「意図する」★を想像するのは、こりゃずいぶんと難しいです。

語源で意味を全部説明するのは難しそう

ま、要するに intend の場合なんかは、語源なんか知らないほうが正しい意味をよく覚えられるくらいなわけです。とにかく、ある単語の「意味」っていうのは、別に語源がどうのこうのということで決まってくるのではなくて、文全体★の中にある他の単語と、意味的にどんな関係にあるのかというのが、本当は一番重要なんでした（これは前にお話ししたとおりです）。ところがどうも、この『日本語練習帳』を読むと、語源を知っ

★実はラテン語の時代に、「心をある方向に向ける」という意味が出てきていて、ここから「意図する」の意味になったんですが、これも説明されてやっと分かるだけですよね。

★「花が咲いた」と「私は花が好きだ」という二つの文で、「花」が指すモノが違うというのもそうですし、同じ「人」でも「人は動物だ」だったら「人類」の意味ですし、「人の話を聞く」だったら「他人」の意味になりますよね。

ていれば単語の意味が正確に分かるんだ、という意識が見え隠れするというか、結構はっきり見えるような感じがします。そういう意識がよく分かる例として、まず『日本語練習帳』の次の箇所を見てみましょう。

〈デカルトの言った cogito ergo sum〈我思うゆえに我あり〉という文について〉co- は「共に」の意、-gito は agitare「動かす」から来た言葉で、合わせて「事物を頭の中で一つにまとめる」とされています。もし cogito がその意味なら、それを「我思う」と訳すのは不的確で、むしろ「我考う」とあるべきでしょう。最近のデカルト研究書では、「私は考える」と訳しているものが多いようです。(p.9)

デカルトの有名な言葉で使われている cogito の語源は、ここに書いてあるとおりです。-gito は agito と同じで、「私は動かす」という意味を表しているのですが、その不定詞が agitare★ なわけでして、そのへんも抜かりがないなー、と感心します。でも、だとすると cogitare のもともとの意味は、「一緒に動かす」というものだけだったことになるはずですよね。

その「一緒に動かす」をもとにして、大野氏がここで述べているような「事物を頭の中で一つにまとめる」とか「考える」という意味がすんなりと想像できる人は、あんまりいないんじゃないでしょうか。「一緒に動かす」は、英語だと★ turn over together フラ

★ cogito の不定詞です。念のため。

★ラテン語・英語辞典とラテン語・フランス語辞典の、この動詞についての説明にこう書いてありました。

ンス語だと remuer ensemble になるようですが、英語やフランス語にこういう熟語があって、しかも「考える」という意味になるなんてことは、残念ながらありません。日本語でも、「共動」とか「共振」なんかの漢語が「考える」という意味になったりはしませんよね。

ということは、cogitare が「一緒に動かす」から「考える」という意味になったのは、どうもラテン語に限っての話だと考えたほうがよさそうです。多分大野氏の言っているように、「物事を一緒にまとめて動かす」という意味から「物事を頭の中でまとめる」みたいな意味になって、そこから「考える」「頭を働かせる」なんていう意味が出てきたんだろうとは思います。

でもやっぱり、日本人の私には、そういう意味が出てくる過程は、すっごく理解しにくいことに変わりはありません。だとすると、cogitare の語源を知っているから、このラテン語を「考える」と訳すのがいいというんじゃなくて、単にこのラテン語の単語が「頭の中で考えをめぐらす、思索する」という意味なんだから、日本語だと「思う」よりも「考える」にしたほうがいいというだけのことじゃないんでしょうか。

ま、大野氏は今あげた箇所のすぐ前のところで、「思う」は「胸の中の一つのイメージをじっと大事にしている」という静的な意味合いで、「考える」のほうは「組立て、構成の気持ち」を含んでいるということで、動的な意味合いが強いんだと述べていたわけです。そうすると、cogitare の中の agitare の意味は「動かす」という動的な意味合

★「山をかける」とか「腹をくくる」みたいな熟語が日本語だけに見られるもので、この熟語を知らない人だったら、一つ一つの単語の意味を知っていても、全体の意味は分からないのと同じようなものです。

いなんだから、ほら、やっぱり「考える」のほうに近いじゃないか、と（好意的に）解釈できないことはありません。

日本語の単語の意味を外国語の語源で理解するの？

それじゃあ、今度は次の箇所はどうでしょう。

> ただし、二字に分けてもよく分からない単語もあります。たとえば「経済」とか「哲学」とか「文明」など。こういう単語はたいていヨーロッパ語の翻訳語です。その場合は、英和辞典を見るか、百科項目について解説のくわしい中型・大型の国語辞典を見て、その単語の内容を理解するといい。「経済」はeconomyの訳語ですが、これはeco-（家の）-nomy（管理）から発した語。「哲学」はphilosophyの訳語で、これはphilo-（愛する）-sophy（智）だから智を愛すること。「文明」はcivilizationの訳語で、これはciv（都市）を語根とするcivil（都市の）と-ize（……化する）の複合に発したから、生活が都市化すること。こう理解すると、「経済」「哲学」「文明」という言葉の内容をつかむよい手がかりが得られるでしょう。(p. 26)

「経済」「哲学」「文明」なんかの意味をちゃんと理解するために、「英和辞典」を見ろというんですかー。確かにこういう単語のもとは近代ヨーロッパ語で、そのヨーロッパ語のもとは、economyとかphilosophyの場合のようにギリシア語だったり、civilizationのようにラテン語だったりするのが普通です。

でも、philosophy★の語源が「智を愛すること」というギリシア語だったことが分かったからといって、それで「哲学」の内容をつかむ「よい手がかり」になるんでしょうか。哲学っていうと、プラトンの「イデア論」とか、トマス・アキナスの存在論とか、カントの認識論、道徳論とか、ウィトゲンシュタインの言語論とか、ちょっと考えただけでも難しそうな項目をずらずらと思いつきます。

そういう哲学者たちの考えてきた内容は、もちろん「智を愛する」という行為の一部なんだろうとは思います。でも、「智を愛する」と聞くと、私なんか自分の住んでる愛知県を思い出しますね、なんていうのは冗談としても、いろいろと物事をよく知っているとか、知らないことだったらほっておかないであれこれ調べるのが好きとか、そういうのを想像するのが普通なんじゃないでしょうか。

「人間は何を知ることができるか」とか「人間は何をすべきか」とか「ある命題★が真であるためには世界はどのようにあらねばならないか」なんてことを考えるのが、「智を愛すること」の内容なんだ、なんてことは、それこそ哲学を詳しく勉強でもしない限り、普通の人には予想もつかないことですよね。

ということは、「哲学」の語源が分かったって、この単語の内容をつかむ手がかりさ

★大体、小型の英和辞典だったら語源なんか書いてないのが普通なんですが。

★第3章でも出てきますが、ホントかウソかがはっきりと判断できるような内容を表す文のことです。

えつかめないというのが実状なんじゃないかと思います。

「経済」の語源が「家の管理」っていうのも、まあそれはそうなんです。でも「家の管理」って聞いたって、屋根に上って雨漏りの修理をすることとか、戸締まりをきちんとすることなんかを思い出すくらいが関の山かなー、なんて気もします。「経済」っていうのは、あの「需要と供給の法則」とか「財政投融資」なんかが関係している分野のはずですよね。それを「家の管理」から想像するっていうのは、うーん、これもやっぱりほとんどできない相談だと言っていいんじゃないでしょうか。

はい、要するにこういう漢語についてては、その語源を知ったからといって、それが意味する内容を十分に理解することはまず無理だということなんです。大体、「経済」とか「哲学」とか「文明」なんかの内容は、百科事典をざっと読んだくらいではとても分からないのが普通ですよね。だったら、ま大体これくらいかなー、程度の意味の分かり方をしておけば、普通の文章を読む時には十分なんじゃないかなと、私なんかは思っています。

第3章

日本語文法の基礎

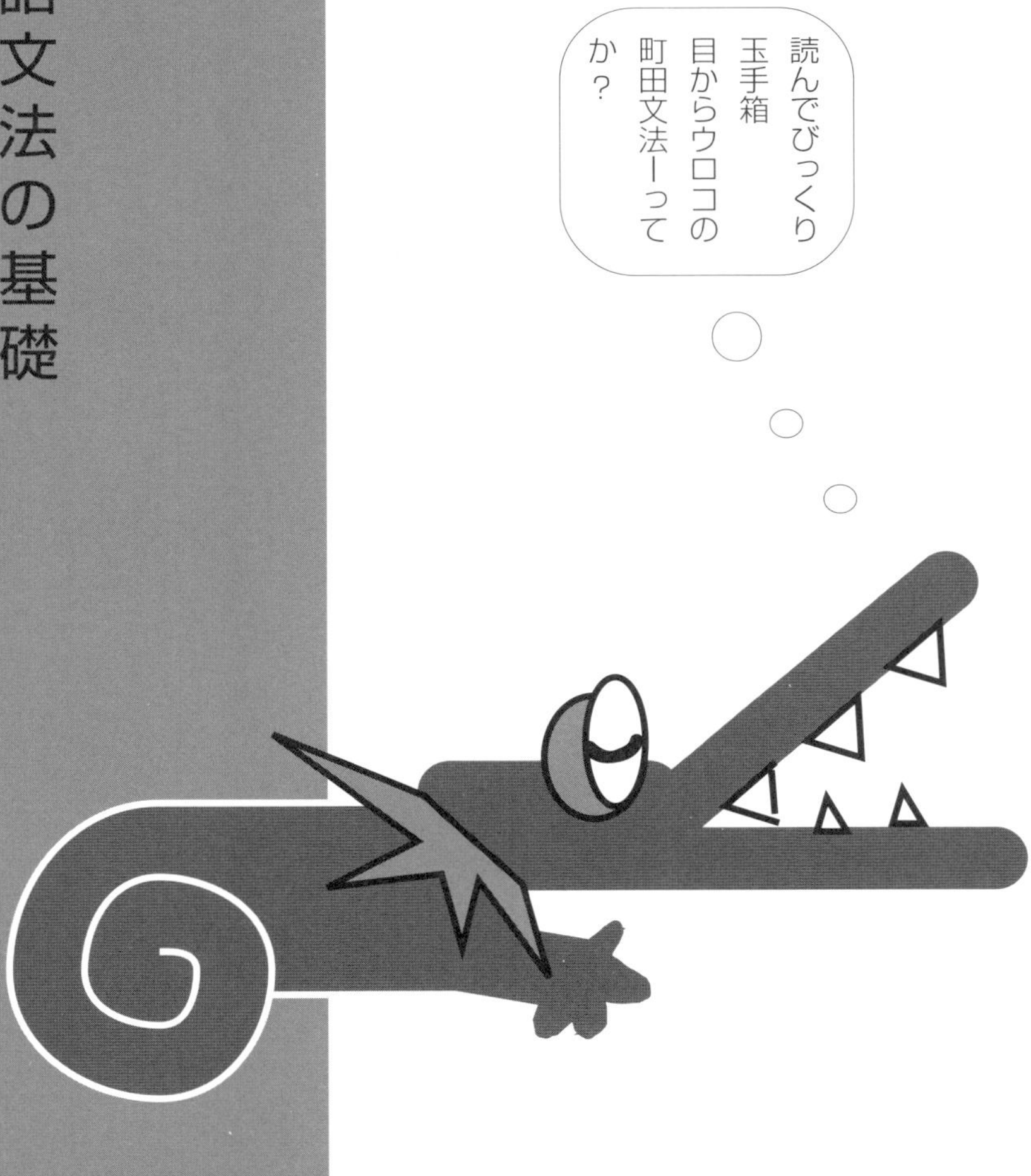
読んでびっくり
玉手箱
目からウロコの
町田文法ーって
か？

これまであれこれ日本語文法の研究について、ちょっとこれでは問題なんじゃないかなー、と思われる点についてお話ししてきました。それじゃあお前だったらもっとましなことが言えるのかい、文句つけるだけだったら誰でもできるぜ、とお考えの方もたくさんいらっしゃることと思います。

で、私としても一応は、日本語の文がどういうしくみになっているかとか、「ハ」と「ガ」でどう違うのか、なんてことには、自分なりに考えていることもありますので、それをこれからお話しすることにします。

文をまず単語に分けます

まず、日本語の文の構造をどうやって表すかということですよね。文の構造っていうのは、言い換えれば文を作っている単語がどういう決まりで並んでいるのかを、誰にでも分かるように表したものだ、ということになります。

じゃあその決まりをどうやって見つけるか、ということなんですが、これを最初からすごーく厳密にやろう、なんて思うと結構大変で、説明を読むのもどえらく退屈になるでしょうから、とにかくこんな決まりでよさそうだぞ、というところをお話しします。

たとえば「イヌがネコを追いかけていた」という文を、単語にバラしてみましょう。それにはまず単語っていうのが一体何なのか、ということを決めておかなければなりませんよね。ここでは単語のことを、「それ以上細かく区切ってしまうと意味を表さなくなってしまう記号」だと決めておくことにします。

「記号」のことは、第2章でも簡単に説明しましたし、私の『言語学が好きになる本』をお読みくだされればもう少し詳しく書いてあります。とりあえずは、なんらかの意味を表すコトバによる表現で最小のもののことだと思ってください。

ホントは、今申し上げたような定義は、言語学では「形態素」と呼ばれていて、形態素が合わさって単語になるということになっているんですが、あまりに細かすぎると、文の構造の表し方も複雑になってしまいますので、単語から始めることにしておきます。

こういうふうに単語を定義すると、「が」とか「を」だったら、もう自動的に一つの単語だと認めていいですよね。「が」は[ga]という発音ですが、日本語で[ga]をgとaに区切る、なんてことはできないからです。

「イヌ」は、無理すれば「イ」と「ヌ」に区切ることはできます。「い」だけだと「胃」とか「意」みたいな意味を表しますし、「ぬ」も、ちょっと古い言い方ですが「拙者は行かぬぞ」みたいに、否定を表すために使われることはできます。でもだからと言って、「イヌ」は「い」と「ぬ」という二つの単語に分かれるんだ、なんて思う人はいませんよね。

日本語で、「胃」と「ぬ」を組み合わせることはもともとできませんし、無理矢理組み合わせたって「胃じゃなーい」みたいな意味にしかなりません。そういう意味と「イヌ」が表すモノは全然関係ありませんね。はい、ですからこういう場合には、「イヌ」みたいなのは、もうそれ以上区切ることができない、ということにしなければならないわけです。

「追いかけていた」のところは少し難しいかもしれませんが、「追いかけ」「て」「い」「た」という四つの単語に区切れるという、国文法のやり方でいいだろうと思います。「て」とか「い」とか「た」は、一応これだけで、「イヌ」や「ネコ」なんかに比べるとずいぶん抽象的ですが、何らかの意味を表しているとしてよいでしょう。「て」のどこに意味があるんだ、と思われる方もいらっしゃるでしょうが、まあ一応単語を「接続する」という働きはあるわけでして、こういう文法的な働きのことも、広く「意味」と呼ぶことにすれば、意味がないということはなさそうです。

「追いかけ★」は、やっぱりこれをこれ以上バラバラにしてしまうと、そういうバラバラのものを合わせて「追いかける」という意味にすることはできませんね。ですから、他のよりは長いですが、これで一つの単語だとしてよいことになります。

単語より大きい単位を決めます

単語一つ決めるのも、文句をつけられないようにしようと思うと、結構面倒★くさかっ

★もともとは、「追う」と「かける」という二つの動詞が組み合わさったものでしょう。でも、今の日本語の「かける（掛ける）」の意味が、「追いかける」の中に入っていると考えるのは、難しいと思います。

★これでも文句のつけようは、ホントはいくらでもあるんですが。

たですね。こうやってさっきの「イヌがネコを追いかけていた」を単語に分けると、「イヌ＝が＝ネコ＝を＝追いかけ＝て＝い＝た」みたいになります。

次には、この単語をもっと大きな単位にまとめるのですが、実際のところは、第2章であれだけ文句をつけた文節と同じようになってしまいます。ただしそれではくやしいので、できるだけ客観的に文節（名前は後で変えます）を決める方法を申し上げておきましょう。

まず、文の最初から一つずつ単語を組み合わせていきます。「イヌ」と「が」を組み合わせると「イヌが」という単位になりますね。そしてこれがどういう意味を表すかを考えてみると、「イヌ」が表すモノが、ある事柄の「主体★」だということが分かります。ということは、これだけでとりあえずは完結した意味を表しているということです。

次に「イヌが」と「ネコ」を組み合わせて「イヌがネコ」としてみます。そしてここでもこの語句がどういう意味を表すかを考えてみるのですが、これだと「イヌ」がある事柄の主体で、それと「ネコ」が表すモノが、同じ事柄の中でどこかで関係しているということまでは分かります。ですがそれ以上の詳しい内容は分かりませんから、これだけで一つのまとまった意味を表す単位だとは言えないわけです。

ということで、やっぱり「イヌが」のところで単語のまとまりを作るのがいい、ということになります。同じようにして「ネコが」というのも一つの単位だということが分かります。

★ある動作を行ったり、ある状態にあるモノのことだと思ってください。

あとは残りの部分ですが、「追いかけ」と「て」を組み合わせた「追いかけて」だけでも、「追いかける」という動作を行って、次に他の動作が行われる、みたいな、一応完結した意味を表していますから、これで一つの単位としてもよさそうです。ところがそうすると、残りの「いた」で一つの単位にしなければならなくなります。

国文法では実際、「追いかけていた」は「追いかけて」と「いた」という二つの文節に分かれるんだ、としていましたよね。ですが、日本語の「いた」は、これだけではどうしたって「あるモノがある場所に存在していた」という意味にしかなりません。ところが、「追いかけて」と「いた」を組み合わせた「追いかけていた」は、「誰かがあるモノを追いかけて、そしてどこかの場所に存在していた」という意味には絶対なりませんよね。

「追いかけていた」というのは、簡単に言えば「追いかける」という動作が継続していたということで、英語だったら進行形で表されるようなところです。★この言い方のどこにも「存在していた」なんていう意味はありませんし、「追いかけて」の意味と「存在していた」の意味を組み合わせても、動作の継続なんていう意味は出てきそうにありません。

ですから「追いかけていた」は、「追いかけてつかまえた」とか「追いかけて殺した」なんていう表現とは意味的な性質が違うんだ、と考えなければならないと思います。というわけで、「追いかけていた」だけで一つの単位なんだとするほうがいいことになり

★もちろん、「存在する」ことと「継続する」ことの間に共通の性質があるからこそ、こういう言い方が日本語で使われるようになったわけです。でも、だからと言って、現代の日本語で「いた」だけを独立させることは、それこそ語源でもって単語全体の意味を説明しようとするのと、同じことではないでしょうか。

ます。

「文節」の代わりが「群」です

こうして文節に近い単位を設定したわけですが、それでは日本語の文節がどういう構造になっているのだろうか、ということを考えてみると、「イヌが」と「追いかけていた」ではずいぶん違いますよね。こういうのを全部同じ「文節」という名前で呼んだとすると、日本語の文は「文節＋文節＋文節……」みたいな構造になっているんです、みたいに言えるだけで、どうも今一つ具体的ではありません。

それに「イヌが」だと「名詞＋助詞」というしくみなのに、「追いかけていた」だと「動詞＋て＋補助動詞＋助動詞」みたいなしくみで、全然違います。ですからやっぱり、文の構造を分かりやすく表すためには、「文節」という名前はやめたほうがいいようです。

これからは、「名詞＋助詞」を「名詞群」、「動詞＋その後に続くいろんな単語（たくさんあるので、いちいち名前を言うのはやめておきます）」を「動詞群」と呼ぶことにします。こうすると、日本語の文がもっている構造は、「名詞群＋名詞群＋動詞群」みたいな形になって、ずいぶん簡単に表すことができます。はい、結局のところ日本語の文っていうのは、「イヌがネコを追いかけていた」でも「ネコが金魚をつかまえた」でも、大体のところ基本的には、名詞群がいくつか並んで、最後に動詞群が来る、なんていう構造をもっているんだ、ということになるでしょう。

もちろんこれだけでは不十分なんでして、「大きいイヌがほえている」みたいな文だったら、「大きいイヌ」というのが一つの単位になる、というのは確かです。こういう単位は一つの名詞だけとは違って、名詞が他の単語（ここでは形容詞）に修飾されていますから、「名詞句」なんていう別の名前を付けたほうがいいでしょう。となると、名詞群は、「名詞句＋助詞」という構造をもつこともあるんだ、と言っておく必要があります。

それからまた、「ネコを追いかけているイヌ」とか「イヌがネコを捕まえた話」みたいな表現だったら、「ネコを追いかけている」とか「イヌがネコを捕まえた」なんていう、文とは違うけれども文に近い語句が名詞を修飾しています。こういう語句を「節」と呼ぶことにすれば、名詞句はさっきのような「形容詞＋名詞」だけではなくて、「節＋名詞」という構造になることもあるんだ、ということになります。

あれこれ詳しく考えると、もっとずーっと複雑になってしまうのでここらでやめておきます。とにかく日本語の普通の文だったら、名詞群がいくつか並んだ後に動詞群が来る、という形の構造で、大体どんなものでも表せるんだ、ということはお分かりいただけたと思います。

動詞群の構造は「動詞句＋ムード」です

これだけだと、日本語の文の構造って簡単なんだなー、という気がします。はい、確かにそういうことは言えると思います。これがラテン語のような言語だと、動詞群にあたる語句は文の最後に来ることは多いんですが、いつもそうだとは限りませんし、名詞句にあたる語句を作っている単語が並んでいる順番は、日本語みたいにいつも名詞が最後に来る、なんてことは全然なくて、まるでデタラメに並んでいるようにも見えます。

英語★だって、ラテン語ほど不規則ではありませんが、Who did you meet at the station?（君は駅で誰に会ったの？）みたいに、whoという疑問詞はmeetという動詞の目的語なのに文の先頭に来ています。英語では、動詞の目的語は動詞のすぐ後に来る、っていうのが原則なのはみなさんよくご存じのとおりですよね。それなのに、この疑問文はその原則に従っていないんですから、やっぱり日本語ほど文の構造を表すのは簡単ではないわけです。

よーし、日本語の文の構造は簡単に表せるんだ、よかったよかった、と言いたいところですが、残念ながらちょっとそういうわけにはいかないところがあるんです。それは、さっき適当にごまかした「動詞群」の構造です。日本語の動詞群は、「食べさせられかけていたようだったね」みたいに、動詞の後にずらずらといくつもの単語が並ぶこ

★ついでですが、英語の **in the room** みたいな語句は、普通「前置詞句」と呼ばれていますよね。でもこれは、日本語の「その部屋で」と比べてみると、**in** が名詞句の前で、「で」が名詞句の後ろにある、というだけの違いしかありません。ですから、**in the room** も「名詞群」と呼んでいいと思います。

とができる、っていうのは前にもお話ししたとおりです。

こういう単語も勝手に並んでいるのではないことはもちろんで、適当に並べ替えて「食べねようだったかけてられさせいる」なんて言ったって、全然日本語として正しい表現にはなりません。

それでこの「食べさせられかけているようだったね」をよーく見てみますと、まず「食べさせられかけている」と「ようだったね」という二つの部分に分かれそうです。後ろの「ようだったね」っていうのは、前★にある事柄が起こった可能性があるということや、その★ことを聞き手も知っているだろう、という内容を表しています。つまりある事柄について、話し手がどういうふうに判断しているのか、みたいなことを表しているわけです。

それから「食べさせられかけている」だと、これだけで、話し手の判断を含まない、まあ客観的に見た事柄を表していると言えます。「客観的」というのは、別の言い方をすれば、これを聞いた人が、はいそれはホントです、いいえそれはウソです、という判断がきちんとできる、ということです。

こういう性質をもった事柄は伝統的に「命題」と呼ぶことになっているのですが、命題は普通「太郎は肉まんを食べさせられかけている」みたいに主語とか目的語までを含むものを指していて、今考えているのは動詞のところだけですから、これと区別して、命題の基礎になるもんだぞ、という意味で「命題核」と呼ぶことにしておきます。

★この内容を「ようだった」が表しています。

★この内容を表しているのが、終助詞の「ね」です。

で、実際の日本語では、「太郎は嫁さんに逃げられたらしい」なんていう文の「らしい」をもっと前にもってきて「太郎は嫁さんに逃げらしいられた」みたいに言うことは絶対できません。というわけで、動詞群の構造としては、命題核を表す部分の後に、話し手の判断を表す部分が来なければならない、という決まりになっているんだな、ということが分かります。

それでまた、構造を表すために「名前」を付けなければいけなくなりました（次々に新しい名前を出してきて大変申し訳ありません。もうちょっとです）。で、命題核を表す部分を「動詞句」、話し手の判断を表す部分を、これはよく使われる用語なんですが、「ムード」と呼ぶことにしましょう。そうすると、日本語の動詞群の構造は、まずは「動詞句＋ムード」という形で表されることになります。

そして最後に、動詞句は「動詞＋使役の助動詞＋受身の助動詞＋時制形★」みたいな構造になります、ムードのほうは「推量★の助動詞＋終助詞」みたいな構造になります、として、よーし、これで日本語の文の構造を表す決まりは一応書けたぞ、ということでしょうか。

ごちゃごちゃしてしまいましたので、日本語の文の基本的な構造を表す図を書いて、まとめにしておきましょう。

★「た」とか「る」のことです。

★ホントは、「はずだ」とか「わけだ」みたいな言い方もあるので、「形式名詞＋終助詞」も加わることになるでしょう。

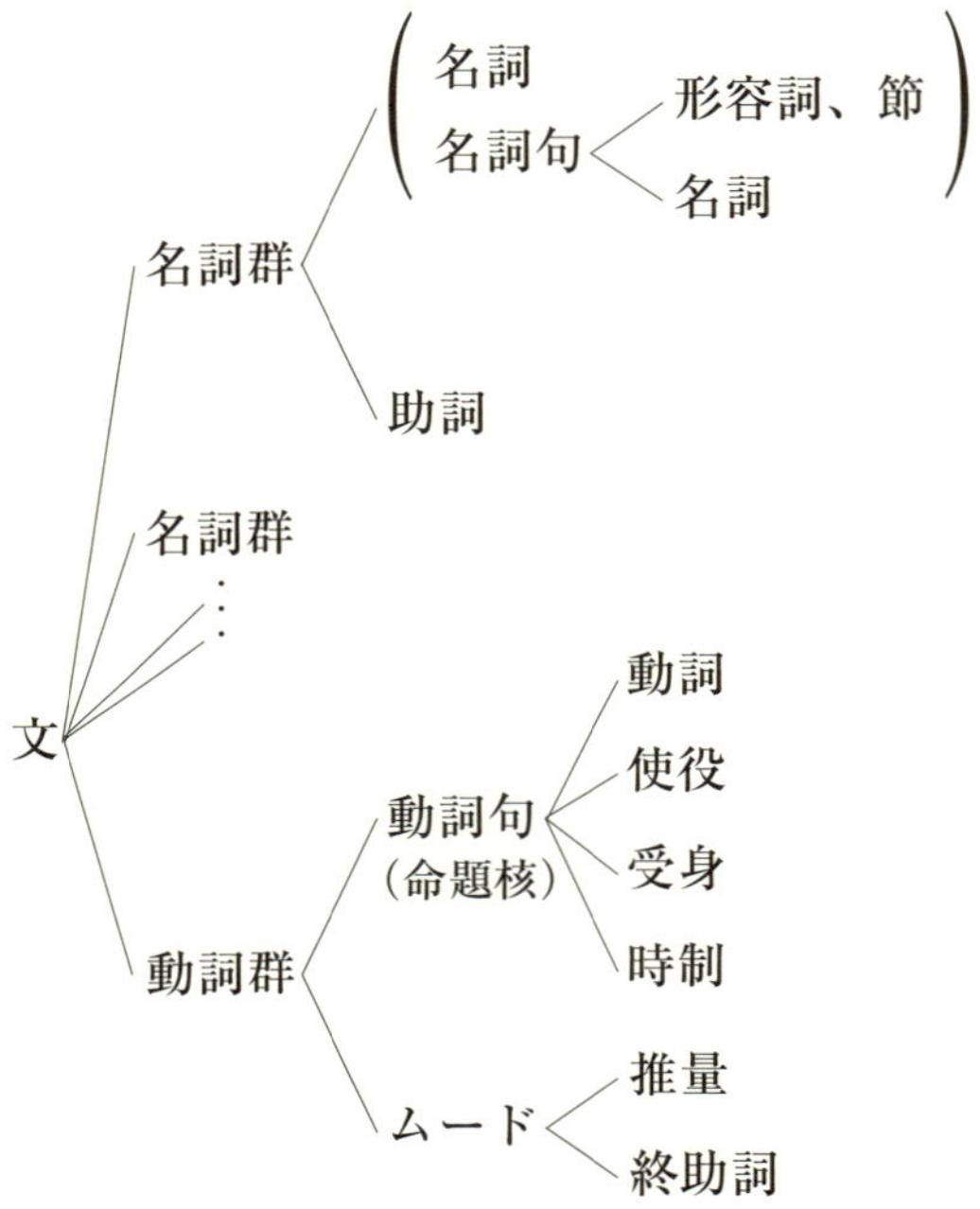

どうして動詞群はこんな構造になっているんだろう？

こういう構造の表し方は、工夫すればもうちょっと簡単になるかもしれませんが、まあそれは「技術的な」問題でしょう。もともと日本語の文を作っている単語の並び方は、そうそう複雑なものではないのですから、あれこれ工夫しても、最終的には大体こんな形で構造を表すことになるだろうと思います。

それよりもっと知りたいのは、動詞群を作っている単語、ずいぶんいっぱいありますが、これがどうしてこんな順番になっているのかということですよね。どうしてさっきあげたみたいな「食べねようだったかけてられされ」みたいな言い方はいけないんでしょうか。

いや、それはこういう並べ方にする決まりになっていて、それを守って文を作るしかないんだから、仕方ないだろ、並べ方に理由なんかないのさ、みたいに思ってしまって、決まりが作られた理由について考えることをやめる、という手もあります。

ですが、やっぱり私たちとしては、さっき構造と意味の関係がよく分からないといけないんじゃないの、なんていう文句をつけたばかりなので、少しでも理由がありそうだったら、そこのところを探ってみることだけでもやってみましょう。

まずもって最初に考えておかなければならないのは、コトバが単語を「並べて」★作られるということです。ということは、コトバを聞く人は、聞こえてくる単語を順番に頭の中に入れて、そういう単語の意味と文法的な特徴★をもとにして、うん、ここまでで一つのまとまりなんだな、ああここまでで一つのまとまりなんだな、という具合にして、文の構造を理解していくわけです。

そうして、そういうまとまり★が表す意味を組み合わせて、文全体の意味を作り上げることになります。もちろん、語句がもともともっている「普通の」意味を組み合わせた

★ソシュールはこういうコトバの性質を「線状性」がある、と読んでいました。

★ああ、これは名詞だとか助詞だとか、あるいはこの動詞は自動詞だとか他動詞だとかいう感じですね。

★今使っている用語でいえば句とか群のことですね。

だけでは、文全体の意味にならないこともあるでしょう。たとえば「太郎はその土地の水に慣れた」なんていう文だったら、「太郎はその土地の水に」までだと、「水」は普通のあの無色透明の液体を表すんだろうなー、と思います。ところが最後に「慣れた」という動詞を聞いて、ああそうか、この「水」は「風習」とか「習慣」みたいな抽象的な意味だったんだな、と思い直すわけです。

こういうふうに、語句の意味は、文の中にある他の単語の意味との関係で最終的には決まってくる、という性質があることは確かです。ですがとにかく最初のところでは、語句の意味を組み合わせて文の意味を作り上げるという過程があると考えても、特に問題はないと思います。組み合わせた後で、ちゃんとした意味になるように、語句の意味を変えるんだ、というふうに決めておけばいいわけですから。

並び方がいい加減だと、聞き手が困ります

さてこのように考えるとすると、動詞群の中の「動詞句」と「ムード」の部分は、きちんと分かれていたほうがよさそうです。ムードっていうのは、ある事柄★に対する話し手の判断を表す語句のことでしたよね。だったら、その「事柄＝命題核」全体がどうなっているのか、ということがきちんと表されていて、その全体に対して判断をするのでなければなりませんよね。

★これを「命題核」と呼ぶのでした。

ムードの部分が、命題核を表す動詞句の前に来るのか後に来るのかは、言語★によって違っていてもいいでしょうが、とにかくムードを作っている単語と動詞句を作っている単語がごちゃごちゃに並んでいたとしたら、どこまでが話し手の判断で、どこまでが命題核だか分からなくなってしまいます。

それで日本語だと、ムードが後に来るような順番が選ばれているわけで、そのムードの部分だけがまとまって、動詞句の部分の後に来るようにしなければならない、ということになります。

次には動詞句を作っている単語の並び方を考えてみましょう。さっきは、「動詞＋使役＋受身＋時制」という順番になるんだ、なんて簡単に申し上げましたが、正確にするためにはもう少し詳しくする必要があります。「食べさせられかけている」を単語に分けると、「食べ＝させ＝られ＝かけ＝て＝い＝る」になります。このうち、「かけ」というのはもちろん「かける」という補助動詞のことで、ある動作が開始する直前の「局面」を表すための単語です。「～始める」「～終わる」「～きる」(「本を読み切る」など)「～出す」(「雨が降り出す」など)「～(て)来る」「～(て)いく」などと同じような働きをしているわけです。

こういった動作の局面を表す単語を、専門的には「二次的アスペクト形式」と呼んでいます。「アスペクト」という用語は、もしかしたら、初めて聞いたよ、とおっしゃる方がいらっしゃるかもしれませんね。簡単に言えば、ある時点Ａに始まって別の時点

★英語だと、**may**とか**must**がムードに当たって、これは命題核を表す部分の前に来ますね。

Bに終わる事柄があったとして、AからBまでのうちで、その事柄がどの部分で起こっているのかを表すのかということです。

ちょっと分かりにくいですが、一番基本的なアスペクトは、AからBまでの範囲の事柄全部を表すものと、AからBまでのうちの一部分を表すものです。図で表すと次のようになります。

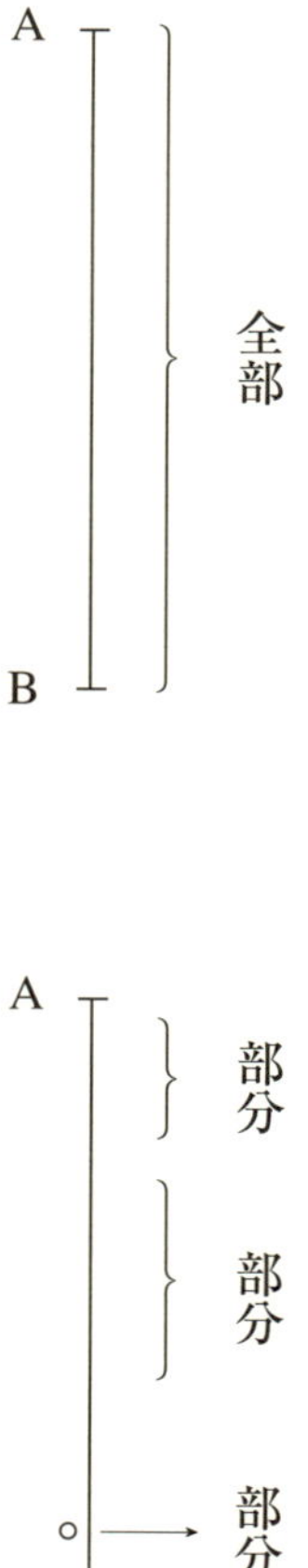

AからBまでの「一部分」と言っても、ほんの一瞬から、結構な長さをもつものまで、いろいろあります。

日本語だと、全部が起こるということを表すのは、「走る」とか「走った」なんかの中にある「る」と「た」という単語です。部分が起こるということを表すのは、「走っている」とか「走っていた」みたいな動詞句の中にある、「い」です。

こういう、事柄が起きる時間的範囲の全部か一部かというのが、一番基本的なアスペクトで、こういう内容を表す単語を「一次的アスペクト形式」と言います。

そして、「局面」というのは、AからBまでの範囲のうちで、普通は最初か最後の部分を取り出して、それをまた一つの事柄として表すものです。図だとこんなふうになります。

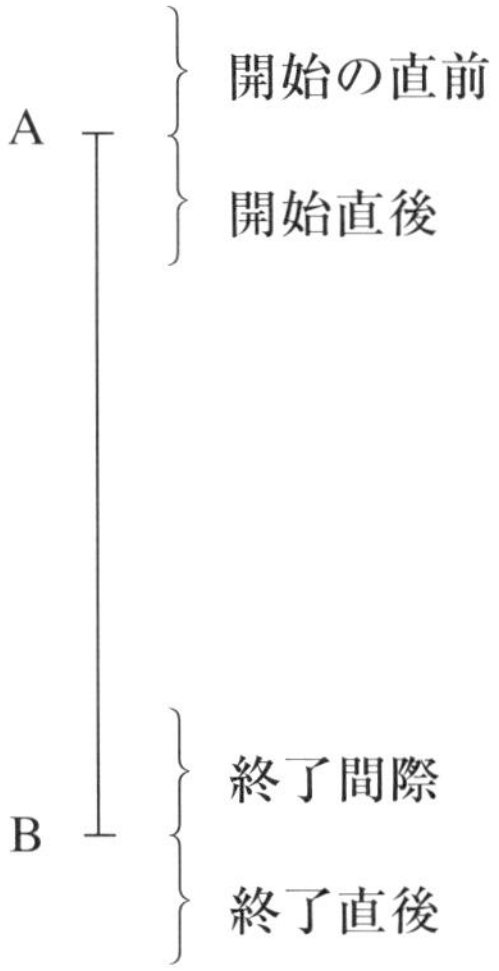

こういうふうに、ある事柄のどこかの局面を取り出して、それを「走りかける」とか「走り出す」とか「走り終わる」みたいにして、また別の一つの事柄として提示する働きをする単語を「二次的アスペクト形式」★と呼ぶわけです。

単語は「無矛盾の原則」に従って並べられるのです

アスペクトについては、私が個人的にあれこれ考えているものですから、ついつい話がつい長くなってしまいました。アスペクトを表す単語まで加えて動詞句の構造を表す

★日本語だと、終了直後の局面を表すための補助動詞はないようで、「走り終わったところだ」みたいな言い方をします。

と、「動詞＋使役＋受身＋二次的アスペクト＋一次的アスペクト＋時制」みたいになるでしょう。

さてそれでは、動詞句がどうしてこんな構造になるのかを考えてみましょう。さっきムードと動詞句がはっきり区別されなければならないんだ、というところの説明で、この二つの部分がごっちゃになると、聞き手のほうはどの部分が命題核を表すのか分からなくなってしまう、とお話ししましたよね。

これはさっき申し上げたような、単語の意味を最初から順番に組み合せていって文の意味が作り上げられるだという見方では、こういうふうにも説明できるでしょう。たとえば「太郎がパンを食べたようだったねさせられかけ」みたいな言い方だと、「食べたようだった」までで、聞き手はこの文が表している事柄が、「『太郎がパンを食べた』という事柄が起こったようだったね」みたいな内容なんだな、と理解します。ところがその後に「させ」が来て、それでも無理に意味をとるようにしてみると、今度は「太郎が『誰か他の人がパンを食べる』ことをさせたようだったね」みたいな内容にしなければならなくなってしまいます。★

つまり、「ようだった」までは「食べた」の主体が「太郎」だったのに、「させ」を無理矢理つけて、これで意味を理解しろ、みたいにすると、今度は「食べた」の主体が太郎以外の誰か他の人になってしまうということです。これだと、せっかく「ようだった」までで聞き手が作り上げた事柄のしくみと、「させ」をつけた段階で聞き手が理解

★まあ要するに、太郎が誰かにパンを食べさせたようだったね、ということですが。

する事柄のしくみが矛盾★してしまうことになります。

たった一つの文を理解する過程で、こんな矛盾が起きてしまうと、聞き手は混乱してしまって、一体何を言いたいんじゃい、ワレ、と言いたくなってしまいますよね。というわけで、動詞群を作っている単語の並び方は、ある単語まで聞き手が理解した事柄のしくみと、次の単語で聞き手が理解する事柄のしくみが矛盾しないようにして並べられているんだ、逆に言えば、そういう矛盾が起きるような並び方は許されないんだ、という原則を守るように決まっているんじゃないだろうか、と考えられるわけです。こういう原則をちょっとカッコよく「無矛盾の原則」と呼ぶことにしましょう。

動詞句の構造を説明しよう

無矛盾の原則で動詞句の構造が説明できるかどうかを確かめてみたいのですが、その前に、説明を簡単にするために、事柄を一般的に、次のような形で表しておきましょう。

コト［［主体＝X、対象＝Y……］局面、相値、時値］

またまた変な用語を作ってしまいました。説明のためですので、申し訳ありませんがちょっと我慢してください。「局面」は、「かける」とか「始める」みたいな二次的アスペクト形式が表す内容のことです。「開始直後」とか「終了直前」とかありましたよね。

★ホントはこういうのを「矛盾」と言ってはいけないのかもしれません。まあ要するに「かみ合わない」ということです。

「相値★」というのは、一次的アスペクトが表すような内容のことです。「た」とか「る」だけだったら事柄の「全体」ですし、「い」がついて「ていた」とか「ている」になれば、事柄の「部分」ですね。「時値」というのは、時制が表すような内容のことです。一番の基本は、「過去」「現在」「未来」ですね。

たとえば、「食べかけていた」という動詞句の表す事柄だったら、次のようになります。

食べ［［主体＝X、対象＝Y］開始直前、部分、過去］

さてそれでは、「食べたられ」みたいに、「られ」が後ろに来る動詞句があったとしましょう。これを聞き手はどういうふうに理解するでしょうか。まず、「食べた」のところで、次のような事柄だと理解します。

食べ［［主体＝X、対象＝Y］全体、過去］

「かけ」みたいな二次的アスペクト形式がないので、「局面」は表されません。次に、「られ」が来るとどうなるでしょうか。「られ」は「食べ」と合わせて意味をとるしかありませんよね。そうなると★、さっきまでは何かモノを食べる「主体」のはずだったXが、今度はXとは違うモノに食べられる「対象」になってしまいます。こういう感じです。

★「相」というのは「アスペクト」を日本語で言うときの用語です。

★日本語には、「太郎は花子に出て行かれた」みたいな、「迷惑（被害）の受身」と呼ばれる表現もあります。こういうのも含めて受動態の文の意味を考えると、「Xが食べられた」は、「Xがあることをされて、そのあることとは、ZがXを食べることだった」みたいに表されることになります。ただ、こう考えるにしても、やっぱり「食べたられ」まで表される事柄とは、しくみが大きく変わってしまうことに変わりはありません。

食べ ［［主体＝Z、対象＝X］全体、過去］

おお、これだと事柄のしくみが変わってしまって、無矛盾の原則に違反していますよね。「食べられた」だと、「食べられ」のところまででは分からなかった「相値」と「時値」が「た」を聞いて「全体」と「過去」なんだ、ということが分かるだけですから、無矛盾の原則には違反しません。

「食べるさせ」はどうでしょう。「食べる」までで、聞き手の理解する事柄は次のようになります。

食べ ［［主体＝X、対象＝Y］全体、現在か未来］

この後で「させ」を聞くわけですね。実は、「させる」という助動詞が表す事柄は、ちょっと複雑で、さっきはちゃんと説明しなかったんですが、たとえば「太郎が次郎に行かせる」という文だと、「太郎が『次郎が行く』という事柄をさせる」みたいに、太郎が主体で、その対象が「次郎が行く」みたいな事柄になります。そして、その対象としての事柄の中の主体が次郎なんだ、ということです。

となると、「食べる」の後で「させ」を聞くと、聞き手の理解する内容は、次のようになるはずです。

させ ［［主体＝X、対象＝コトP］全体、現在か未来］

コトP＝食べ［主体＝Z、対象＝K］

コトPの内容は、「させる」の対象ですから、時値は現★在か未来に決まっています。ですが、相値のほうは、アスペクト形式が言われないので分かりません。

とにかく、「食べる」の段階と「食べるさせ」の段階で、聞き手が理解する「食べる」という事柄の主体は、最初はXだったのが、次にはXとは違うZになってしまっています。ということは、事柄のしくみが「させ」がつく前と後で大きく変わってしまっているということで、やっぱり無矛盾の原則に違反しています。

というわけで、無矛盾の原則に違反している単語の並べ方だと、日本語ではダメな動詞句を作ってしまうんだ、ということがお分かりになったと思います。ホント★にこの原則が正しいかどうかは、まだいろいろと試してみなければ分からないんですが、日本語の動詞句を作っている単語の並び方として、使役や受身を表す単語が、時制やアスペクトを表す単語の前に来なければならないんだ、というのは、この無矛盾の原則から一応は説明できるのではないかと思っています。

従属節の中では主題の「ハ」が使えません

第2章でもお話ししましたように、「ハ」には大きく分けて「主題」と「対比」の働

★過去に起きた事柄をこれからさせる、なんてことはできませんよね。

★コンピュータに文の構造を解析させることを目的とする工学系の分野でも、基本的にはこれと同じ趣旨の方法がとられているようです。

きがあります。そして、主題と対比は、基本的には一つ働きから出てくる意味だと考えてよさそうです。

「太郎は賢い」という文だと、他に話題にのぼっている人がいなければ、「ハ」は主題だと解釈されますが、「太郎と次郎と花子がいる」みたいに、太郎以外の人も話題にのぼっていて、そういう場面で「太郎は賢い」と言われると、ふーん、太郎以外の次郎と花子は賢くないいんだなー、という対比の意味に理解されますよね。

ところが、「太郎は英語は話す」みたいに「ハ」が二つ使われる文だと、最初の「ハ」は主題だけれども、二番目の「ハ」は対比の働きをもつのが普通のようです。ということは、一度主題が決まってしまうと、二番目の「ハ」を使う段階で、「英語とフランス語とドイツ語と中国語」みたいな、英語以外の言語も話題にされる場面が出てくるんだ、ということになりそうです。

このへんのところはまた後でお話しすることにして、ここでは「ハ」が主題を表す場合を考えてみましょう。それで、「太郎は賢い」という事柄を、誰かが「知った」という内容を表そうとすると、「太郎が賢いことを知った」みたいに、「ハ」ではなくて「ガ」を使わなければならなくなる、というのは、前にもお話ししたとおりです。つまり、従属節の中だと、主題を表す「ハ」が使えなくなってしまう、ということでしたね。

「太郎は賢い」という事柄の主題が「太郎」なんだ、ということは、別に従属節だろうが主節だろうが変わらないわけですから、従属節で主題の「ハ」が使えない、っていうのは、どうも不思議な現象のようにも思えます。多分日本語の文の決まりとして、一つの文には主題は一つしかあっちゃいけないんだ、というのがあるようです。

でもこう言ったからといって、それじゃあどうして一つの文に主題が一つしかないんですかー、なんていう質問が出たら、とにかくそうなってるんだよ、主題っていうのは何といっても文の「中心」なんだから、一つの文に中心が二つあったら困るだろ、みたいな、あんまり説得的とは言えない返答をするしかないわけです。

この日本語の決まり、どうにか説明したいですよね。さあここでまた「無矛盾の原則」が使えないものでしょうか。やってみましょう。

「ハ」は万能です

前にもちょっとお話ししましたが、「ハ」っていうのは、前にある名詞が主題★だということを表すだけで、その名詞が主体だか対象だか、あるいは他の働きをするんだかは、文の残りの部分との関係で決まってきます。言い換えれば、主題は万能のジョーカーみたいなもので、場合によってどんな働きでもすることができるということです。

「太郎は賢い」だと、主題が太郎で、「賢い」は誰かが賢いという意味を表すだけです。さっき使った事柄の表し方を応用して、次のように表すことにしましょう。

★対比のことはとりあえず置いておくんでしたよね。

［主題＝太郎］＋賢い［主体＝X］

それで、「賢い」の主体Xが誰だか分からないことには、この文が表す事柄が一体何のことか分かりませんから、それじゃあ、万能の主題君に出てきてもらって、主体の働きをしてもらおう、ということで、次のようになります。

［主題＝太郎］＋賢い［主体＝太郎］

今度は「太郎は見た」だと、主題が太郎で、「見た★」は誰かが何かを見た、という意味を表します。こんな具合です。

［主題＝太郎］＋見た［主体＝X、対象＝Y］

ここでもXとYが何かを決める必要がありますが、いくら万能でも、太郎はどっちかの働きしかできません。ですからこの場合は、二つの事柄のうちのどちらかが表されることになります。

［主題＝太郎］＋見た［主体＝太郎、対象＝Y］
［主題＝太郎］＋見た［主体＝X、対象＝太郎］

というわけで、なるほど「太郎は見た」の意味はアイマイ★なんだな、なんてことが分

★「見た」は、ホントは「見［～］全体、過去」みたいに表さなければなりませんよね。でも簡単にするために、そのへんは省略しました。

★「太郎が何か見たんだけど、それはこれから言うぞ」みたいな意味と、「太郎のことだったら、（私が）見たよ」みたいな二つの意味を表す、ということですね。

かるわけです。ただ普通は、事柄の中で一番大事なのは主体ですから、特別の文脈でもなければ、太郎が主体だというふうに理解されるんじゃないかと思います。

やっぱり主題が二つあってはいけないんでした

それでは「太郎は賢いことを次郎は知った」という文が表す事柄のことを考えてみましょう。まず、「太郎は賢い」までだと、さっきと同じですが、次のようになりますね。

〔主題＝太郎〕＋賢い　〔主体＝太郎〕

ところが次には「ことを」があります。となると「太郎は賢い」は従属節で、他のもっと大きな事柄の中で、対象の働きをしているんだな、ということが分かります。ただ、「太郎」にはあくまでも「ハ」がついているわけですから、当然その事柄の中でも★主題の働きをしているんだ、と考えなければなりません。ここまでの段階だと、事柄は次のように表されるでしょう。

〔主題＝太郎〕＋コト　〔主体＝太郎、対象＝コトP〕
コトP＝〔〔主題＝太郎〕＋賢い　〔主体＝太郎〕〕

ここまでだと、「賢い」によって表される事柄の主体は、まだ太郎ですから、事柄の

★「太郎は会社に行くとき地下鉄に乗る」という文だったら、「太郎」は最後までこの文の主題です。

しくみが大きく変わったということにはなりません。さっきの「させる」の場合とは違うわけです。

次に「次郎は」が来ます。一★つの文に主題が二つあってはいけない、ということはまだ分からなかったわけですから、「次郎」を主題だとすることにします。そうなると、事柄は次のようになります。

［主題＝太郎★または次郎］＋コト［主体＝太郎または次郎、対象＝コトP］
コトP＝［［主題＝太郎または次郎］＋賢い［主体＝太郎または次郎］］

この段階で、「賢い」の主体が「太郎」から「太郎または次郎」に変わってしまいました。ということは「Xは賢い」という文のしくみが変わってしまったということで、無矛盾の原則に違反していますね。

実際、最後に「知った」を付けてこの文全体の意味を理解しようとしたとしても、この文が表すのは「太郎が賢いことを太郎が知った」「太郎が賢いことを次郎が知った」「次郎が賢いことを次郎が知った」「次郎が賢いことを太郎が知った」、みたいに表される四つの事柄のうちのどれかでーす、ぐらいのことしか分かりません。

賢いのが太郎か次郎か分からないし、それを知ったのも太郎か次郎か分からない、っていうんだったら、キミー、一体何が言いたいの？　っていう感じで文句の一つもつけたくなりますよね。はい、これだと文の表す事柄があまりにもぼんやりしすぎてしまっ

★今考えているのは、「太郎は賢いことを次郎は知った」という文の「太郎」が主題を表していて、それでもこの文が日本語として使っていい文なんだ、と仮定すると、結局は矛盾が出てくるんだ、ということです。ですから、矛盾が出てくるまでの段階では、「太郎」も主題「次郎」も主題、としておいていいわけです。

★「太郎または次郎」というのは、太郎と次郎のどちらか一方だけ、というのではなくて、どちらか一方だけでもいいし、両方でもいい、という意味だとしておいてください。

て、コトバとしてちゃんとした役割を果たしていないわけです。

ですから結局のところ、従属節を含む一つの文に主題が二つあると、主題が万能でどんな働きでもすることができる、という性質が逆に災いして、その文の表す事柄が何だか分からなくなってしまう、ということなのでした。そしてこのことも、従属節の表す事柄のほうに注目すると、無矛盾の原則に違反するということになります。

一方、「太郎が賢いことを次郎は知った」だと、「太郎が賢い」★の段階で「賢い」の主体は「太郎」なんだ、と決まってしまいます。ですから後で「次郎は」が来ても、ああそれは、次に来る動詞で表される別の事柄の主体なんだな、とすればいいわけで、「太郎が賢い」という事柄のしくみは全然変わりません。というわけで無矛盾の原則には違反せずにすんでいて、確かに「ガ」を使った文なら、日本語として問題ありませんよね。

「ハ」の前が大切なんです

無矛盾の原則を出してしまったので、複文の中にある「ハ」のほうを先に見ることになってしまいました。それではもっと簡単な構造の、単文で使われる「ハ」の働きはどう考えればいいのでしょうか。

「ハ」には、先ほどもお話ししたように、基本的には「主題」と「対比」の働きがあ

★ホントは、「太郎が賢い」まででは、「太郎」がもっと後に出てくる動詞の主体だってこともありえます。ただこうすると、話がやたら複雑になるので、ここではそのことは考えないことにしておきました。悪しからず。

ります。主題というのは、「ハ」の前にある名詞を中心に文の表す事柄が作られているということでした。「中心になっている」というのは、その名詞が表すモノ（やコト）を含む場面があって、そのモノを特に場面から取り出して、それを含む事柄が成立するんだということを、話し手が述べているということです。

つまり、「Xは〜」という文で話し手にとって大切なのは、Xが表すモノがあって、そのXを含む何らかの事柄がある、ということのほうなんでして、その事柄が具体的にどういうものなのか、っていうことは、もちろん大切じゃないということではありませんが、大切さの度合いが落ちるわけです。

たとえば誰かと誰かが喧嘩をして、一人が相手に対して「お前というやつは……」なんて言うことはありますよね。これは完全な文じゃありませんが、これだけで十分相手に対する非難の気持ちは伝わります。これは要するに「お前というやつ」を含む事柄が、何でもいいから成立しているんだぞ★、という内容が相手に伝わることが大切なのであって、その事柄が具体的にどんなものなのか、っていうことはそんなに重要なことではないからでしょう★。多分そういう理由で、「Xは」という主題は、聞き手に最初に伝わる、文の一番先頭に置かれて、前にもお話ししましたように、文の構造という観点からも、他の部分からは独立した（＝切れた）性質を与えられているのだろうと思います。

★「ひどいやつだ」とか「唐変木だ」とか「すっとこどっこいだ」とかいろいろあります。
★こんな場合に「お前というやつが……」という人はあんまりいないと思います。

「ガ」は付け足しです

これとは違って「ガ」の場合は、単に前に置かれている名詞が、ある事柄の主体なんだ、ということを表すだけです。ですから、その名詞が表すモノが場面に含まれている必要はありませんし、たとえ場面に含まれていたって、それをわざわざ取り出す、なんてことは行われません。「Xが〜」という文で、話し手にとって大切なのは文が表す事柄が起こる、ということなのでして、Xが表すものは、★たまたまその事柄の主体だったということだけです。ですからXは、まあ言ってみれば付け足しのようなものだということになるでしょう。

話し手の目の前で起こっている事柄を表す「現象文」の場合、話し手にとって大切なのは、その事柄の中に含まれているどれか一つのモノがある、なんてことではなくて、事柄そのものが起こっている、ということです。ですから、こういう場合には「ハ」ではなくて「ガ」を使うのがいいんだ、ということになるわけです。

それからたとえば、バス停に美しい女性が立っていて、どうもバスを待っているようだがなかなか来ないらしい、オレの車に乗せてってやろうかな、なんていう場合に、あなたは「バスが来ないんですか？」と言って誘うでしょう。これはつまり、この男性にとって大切なのは、「バスが来ない」という事柄全体だからなのです。

★ですから、主体が何だかはっきりしない「何か」の場合は、「何かが見える」と言って、「何かは見える」とは言えません。

「バスは来ないんですかー」なんて言ってしまったとしたら、この男性にとって大切なのは「バス」のほうだということになってしまいます。その結果、その女性には「ええ、そうなんですのよ。あなた、誰かをお待ちなんですね」なんて言われてしまって、目的はついにかなわないままに終わるのです。

「この問題が難しい」はどうだ

それでは、「この問題が難しい」みたいな文だと、この問題は難しいけれども、他の問題は難しくない、なんて意味が出てくるのはどうしてでしょうか。この文は、「どの問題が難しいんですか」という質問に対する答えとして、「難しいのはこの問題です」とも言えるし「この問題が難しいです」とも言えるよね、だから、「難しい」のほうが主題で、ホントはこれに「ハ」を付けるはずなんだ。だけど、たまたま「難しい」が述語になっていて「ハ」★を付けられないんだ、だから主題じゃない「この問題」には「ハ」じゃなくて「ガ」を付けるんだよ、みたいな説明がされることがあります。

ですが、「どうだい勉強してるかい」「うん、でもこの問題が難しいんだ」みたいに、質問に対する答えの文として使われない場合もいくらでもありますから、★まずは「この問題が難しい」という文だけで考えてみる必要がありそうです。

さっき、「Xが＋述語」という文では、事柄全体が大切なんだ、ということをお話し

★「ハ」を付けると「難しくはある」みたいになって、主題ではなくて対比の意味になってしまいます。

★「業績は順調ですか」「どうもねー、販売のほうが悪いんですよ」なんていうのもありますね。

しました。で、文が表す事柄の枠組みを作るのは述語です。ですから「この問題が難しい」だと、事柄の枠組みは「難しい」によって作られることになります。

「難しい」という述語が表す事柄は、前にお話しした表し方を使えば、「難しい［主体＝X］」みたいに表されます。簡単にするために「難しい（X）」と表すことにしておきましょう。ですが、特定のモノが場面に含まれていて、それが主題になっていないとすると、「難しい」の主体になることができるモノはたくさんありますよね。この問題でも、あの問題でも、その問題でもいいですし、「逆上がり」★でも「倒立歩行」でも「ギンガー」でも（鉄棒にこういう技がありましたかね）、とにかく難しいモノはいくらでもあります。

ということは、正確に言うと、「難しい」という述語が表す事柄は、「難しい（X）＋難しい（Y）＋難しい（Z）＋……」みたいな形で表さなければならない、ということです。ところが「この問題が難しい」という文で主体だとされているのは、「この問題」という一つのモノだけです。しかも「ガ」が使われていますから、主題になっている特別のモノなんてものはないわけで、他のいろんなモノが「難しい」の主体になることができるわけです。

となると、他にもたくさんのモノが主体になるはずだったのに、今主体として選ばれたのは「この問題」だけなんだ、ということになります。つまり、他のたくさんのモノは、主体の候補者だったのに、選考で落とされてしまったということなのです。こうい

★もっとも、この勉強についての会話の場面で、「逆上がり」が難しいモノの一つになる、ということはあまりなさそうですが。

うわけで、「この問題以外のモノは難しくない」んだな、という意味が出てくるんだ、みたいに説明することができるでしょう。

述語が「走っている」みたいな形だと、たとえば「太郎が走っている」という文では、「太郎以外のモノは走っていない」という意味は出てきませんよね。これは「走っている」が、今目前で起こっている事柄を表していて、話し手が主体として選ぶことができるのは、普通は一つのモノに限られるからです。他に主体の候補者がいないんですから、太郎だけを残して他は選考で落とす、なんてことはできません。ですから、ここでは「他は違う」みたいな意味が出てきようがないということになります。

念のために「この問題は難しい」と比べておきましょう。この文で事柄の枠組みを作るのは、まず第一に「この問題」です。ですから事柄の枠組みは、「[主題＝この問題]＋コト[主体＝X、対象＝Y……]」だということになります。それで次に、「コト」のところに「難しい」を入れるとすると、「この問題は」が前にもうあるわけですから、さっきみたいに、ホントは「難しい（X）＋難しい（Y））＋……」」なんだけどなー、なんていう文句は許されません。文の中で一番偉い主題が、「事柄は一つだけだぞよ」と決めているのですから、「難しい」が表すことができる事柄も一つだけでなければいけないということです。

そして「難しい」は主体さえあればそれでいいわけですから、主体のところに「この問題」を当てはめて、この文が表す事柄は、「[主題＝この問題]＋難しい[主体＝この問題」」という形で表されます。これだとどこからも、他のモノが主体になれたはずだ、なんて意味は出てこないのはお分かりになるでしょう。

どうして「ハ」が二つあると二番目は「対比」になるのでしょうか?

それでは「ハ」に戻って、「対比」の働きのことを考えてみましょう。「ハ」は基本的には、ある特定のモノを場面から取り出して、それを含む事柄が何か成立する、ということを表すのでした。場面の中に、事柄に含まれることができるモノが一つしかない場合には、「ハ」は「主題」になります。「ここにイヌがいます。このイヌは雑種です」みたいな例だと、場面には一匹のイヌしかいませんから、「このイヌは」は「主題」を表していますね。

一方で、場面の中に、他にも事柄の中に含まれることができるモノがあったら、その場合には「ハ」は「対比」の働きをするようになります。「ここにイヌとネコとタヌキがいます。イヌは人に馴れやすいです」なんていう例では、場面の中にイヌ以外の動物が含まれていて、どれも一応は「人に馴れやすい」という事柄の主体★になることができます。ところが、主体として選ばれているのは「イヌ」だけで、他の動物は主体として選ばれなかったわけです。このため、「ネコとタヌキは人に馴れやすくなさそうだ」と

★「イヌと車と空のことを思い浮かべてください。イヌは人に馴れやすいです」なんてことを言う場面は、まずないでしょうね。「人に馴れやすい」という述語をもつ文を普通に使おうと思うなら、その主体になれるようなモノだけを話題にしておかなければならないはずです。

いう意味が出てきて、「イヌは」が「対比」を表すようになるということです。「ハ」が文中に二つある場合はどうだったかというと、最初の「ハ」が主題で、二番目の「ハ」が対比の働きをするのでした。これは、さっきもお話ししたように、一つの文に主題が二つあってはいけない、という決まりによるものなんでしょうが、単文については まだ理由を考えていませんでしたよね。そのあたりを見てみましょう。

たとえば「太郎は次郎は見た」という文の二つの「ハ」がどちらも主題を表しているとしましょう。すると、「太郎は」までの段階では、次のような意味になります。

［主題＝太郎］＋コト［主体＝X、対象＝Y……］

それで、「コト」のほうの主体か対象か、あるいは他の役割に★、「太郎」が割り当てられるのですが、今の段階では述語が分かっていませんから、どれでもいいわけです★。とりあえず、一番大切な「主体」であるXに「太郎」をあてておきます。そうすると次のようになりますね。

［主題＝太郎］＋コト［主体＝太郎、対象＝Y……］

次に、「次郎は」が来ると、次のような意味が作られます。

［主題＝太郎または次郎］＋コト［主体＝太郎、対象＝Y……］

★まだあまりよく分かっていないので、今まで適当にごまかしてきました。「受容者（〜に）」とか「同伴者（〜と）」とか「場所（〜で）」とか「目的地（〜に）」とか、いろいろありそうです。

★述語が「流れる」だったりすると、主体は普通液体ですから、やっぱり主体が太郎ではまずいな、ということになって、後で変えることになるのですが。

さっきと同じように、「コト」の中に「次郎」を組み入れます。主体のほうはもう埋まっているので、「対象」に入れることにします。そうすると、次のようになります。

［主題＝太郎または次郎］＋コト［主体＝太郎、対象＝次郎……］

はい、それでは次に、と行きたいところですが、ここでよーくよーく考えてみると、こういう性質の事柄ではおかしいじゃないか、ということに気がつきます。なぜかというと、「主題」っていう働きは、場面の中に他のモノが入っていないという条件が必要だったんですよね。ところが何と、この段階でもう場面の中には「太郎」が登場しているじゃあないですか！

「次郎」が主題になるためには、場面に他のモノがあってはいけなかったんですから、「太郎」が場面にいる限り、「次郎」はこの事柄の中で主題になることはできません。かわいそうですが、決まりですから仕方ありませんよね。

というわけで、「太郎は次郎は」の段階で、「太郎」と「次郎」の両方が主題なんです、という最初の設定は矛盾を来すことになってしまいます。ですからこれも「無矛盾の原則」に違反する例ということになるでしょう。はい、これでは事柄として成り立ちませんから、「次郎」は、主題以外にもつことのできる働きとして、「対比」のほうを選ばなければならない、というわけです。

世の中には、「弥次さんと喜多さん」「白バイ野郎ジョン＆パンチ」★「『あぶない刑事』

★「白バイ野郎」と「チャーリーズエンジェル」は、どちらも二十年くらい前に放送されていたアメリカのテレビドラマです。「チャーリーズ…」のほうは、四人の美女たちが悪者を倒すという筋立ての痛快な番組でした。サブリナ・ダンカン役の女優がカッコよかったなあ。

の鷹山と大下（館ひろしと柴田恭兵）」「チャーリーズエンジェル」みたいに主役が二人も三人もいることは結構あるんですがねー。コトバの世界の掟って、なかなか厳しいですねー。

「百キロはある」がどうして「限度」を表すのだろう

それでは残りの、「太郎は百キロはある」と「花子は美しくは見える」みたいな文にある「ハ」のことをお話しすることにしましょう。大野氏の言う「限度」と「再問題化」ですね。どちらの「ハ」も普通は文の中で二番目の「ハ」として使われますから、主題ではなくて対比のほうの働きをする、ということになります。

まず、「限度」のほうですが、「太郎は百キロはある」という文で、「百キロ」という数値は、他の「五十キロ」とか「八十キロ」とか「二百キロ」なんかの、いろんな数値の中から特に選び出されたものです。これがまず「ハ」の基本的な働きでした。

それで、他の数値は選び出されなかったんですから、★「太郎は百キロ以外のキロではない」、という意味もあることになります。「百キロ以外のキロ」だったら、五十キロとか八十キロみたいな百キロ以下だけではなくて、百五十キロとか二百キロとかの百キロ以上の数値もありますよね。

ですが、「ある数値ではない」みたいな、数値を含む否定の場合は、どうもその数値

★すごく変な言い方ですが、説明のためです、ちょっと我慢してください。

以下なんだ、ということを表すことになっているようです。たとえば「花子は一万円もっていない」だと、花子がもっている金額は一万円より少ない、ということですよね。同じように「その土地の面積は三十坪ない」だったら、面積は三十坪より狭い、という意味になります。

これは多分、「ある数値ではない」の否定が「その数値以上だ」という意味になったとしたら、ホントの数値の範囲がものすごく大きくなってしまって、情報として役に立たない、ということが原因なのではないかと思います。「一万円もってない」という言い方の意味が、五万円かもしれないし、百万円かもしれないし、もしかしたら百億円とか十兆円かもしれない、みたいになったら、範囲が広すぎて、じゃあホントはどれくらいもっているのかということについての推測がしにくいですよね。

逆に「一万円もってない」の意味が、「一万円より少ない金額だけもっている」だったら、ああ、大体このくらいかな、みたいな見当がつけやすいわけです。まあ大体そういうような理由で、「百キロ以外のキロ」は「百キロではないキロ」つまり「百キロより少ないキロ」なんだということになります。要するに、百キロよりはとにかく少ないということですね。

ということは、「百キロはある」は、重さが百キロあることと、百キロより少ないキロだということの両方を表すことになってしまいます。なんと、これは矛盾です。おっと、困りました。でもこういう言い方は実際にしますよね。

「対比」って何だったんだろう？

ここで「対比」の働きをもうちょっと詳しく考えてみましょう。「今度のテストで、数学はよかった」という文は、「数学がよかったよ」ということを表すことは確かです。ですが、この後に「それから、英語もよかったよ」みたいに付け加えることはできますよね。

ですから、「数学はよかった」は「数学だけはよかった」というのとは意味が少し違うわけでして、「他の科目はよくなかった」という事柄が絶対正しい事実ではなくて、あくまで「可能性」にとどまっているのだ、ということです。「世界の国々の中で、アメリカは経済的に豊かです。そして日本や西欧も同じく経済的に豊かです」という言い方がおかしくないのも、「ハ」によって対比されている内容が、あくまでも可能性なのだということから説明できるでしょう。

こういうわけで、「百キロはある」という言い方は、正確には「百キロある」ということと「でも百キロ以下ではない可能性もある」ということを表していることになります。「百キロ以下ではない」ってことは、「百キロ以上だ」ということですから、だったら、ふーん、まあ最低で百キロだということなんだね、という意味に理解することはできるでしょう。

それでは最後に、「花子は美しくは見える」はどうなんでしょうか。これは、述語の部分に「ハ」がついていますから、「美しく見える」という事柄と、「美しく見える」ではない述語で表される事柄だ(正確には、そういう事柄かもしれない)、という事柄が表されていることになります。「美しく見える」という述語以外の述語だっていうことになると、それこそ山のようにあります。述語だったら何だっていいわけですから、「走る」でもいいし「赤い」でもいいし「山だ」でもいいんだ、ということになってしまいます。

ですがもちろんそういう述語が表す事柄の主体★は、「花子」でなければいけないんですから、まずは「山だ」とか「化合する」みたいに、どうやっても花子を主体にはできない述語は除かれます。

それから、「美しく見える」という事柄と対比されたとしても、聞き手にとって全然役に立たない事柄を表す述語もダメですね。たとえば、「花子は美しくは見えるけど、走る」とか「花子は美しくは見えるけど、カラオケに行かない」みたいな対比だったら、あんまり価値がある内容だとは言えませんから、こういうような種類の対比でもないはずです。

というわけで、ある人が美しく見える、ということと、普通は両立しないと常識的に考えられている事柄を表す述語が選ばれることになります。じゃあそれはどれなんだ、ということですが、とにかく「常識」ですね。ちょっと難しい言い方をすれば「我々が

★もちろん述語によっては「花子」が主体じゃないこともあるでしょうが、ここでは一応主体がきちんと表される文のことを考えることにしておきます。

世界に関してもっている知識」だということでしょうか。

ですから、「花子は美しくは見える」と並べるんだったら、「気が強い」とか「賢くない」とか、あるいは「字が下手だ」とか、まあそんなところになりますかね。どうもこのへんになると、コトバそのものがもっている決まり、なんてのとはだんだん関係が薄くなってきたようです。まあコトバが世の中で起こる事柄を表す手段である以上は、その世の中についての知識なんてのも、意味を理解する上では必要になってくるんだ、というところなんでしょう。

「酒を飲んでは暴れる」男

「は」は万能ですから、第1章で国文法でも説明しろ！　と言ってしまった（けれども実は説明するのがどえらく難しそうな）、「春男は酒を飲んでは暴れた」みたいな使い方もあります。他にも「秋子は私に電話をかけてきては姑の悪口を言う」とか「その浪人は賭場に乗り込んできては狼藉を働いた」なんかの例も考えられますね。どうも、使われそうな言い方は「よくない習慣」を表す場合が多いような気がします。「冬子は毎朝一番に学校に来ては、教室の掃除をしていた」みたいな「よい習慣」を表す例も当然あって、別に日本語として悪くはないと思いますが、どうも悪い習慣を表すために使われる場合のほうが多いようです。

この理由はよく分かりません。ですが、英語でも普通の習慣だったらJohn opens the windows when he gets un in the morning.（ジョンは朝起きると窓を開ける）みたいに、動詞の現在形が使われるのに、Mary is always looking for the others' faults.（メアリーはいつも他人のあらさがしをしている）みたいに、現在進行形という特別の形を使うときには、やっぱりよくないほうの習慣を表すことが多いようです。

日本語でも「ハ」を使って習慣を表すのは、どちらかというと特別★な言い方になりますから、もしかしたらそういうのが理由で、「酒を飲んでは暴れる」みたいな表現だと、よくないほうの習慣を表すようになっているのかもしれません。

さてそれでこの「酒を飲んでは」の「ハ」ですが、文中で二番目に来る「ハ」ですから、今までの流れで言うと「対比」の働きをするんだということになります。ただ、「春男は酒を飲んでは暴れた」の「酒を飲んで」という部分が表す事柄と対比されるような事柄が、この文が表す意味の中にはっきりとした形で含まれているような感じでもありませんよね。

もちろん、「春男★は酒を飲んでは暴れ、パチンコですったと言っては大金をまきあげた」みたいに、「酒を飲んで」と並んで「パチンコですったと言って」などの語句が実際に同じ文で使われていれば、これはやっぱり対比だな、ということになります。

★「春男はよく酒を飲んで暴れた」とか「秋子は私に電話をかけてきて姑の悪口を言うのが常だった」みたいに、普通に習慣を表す言い方が日本語にはちゃんとあります。

★どうも、「よくない」というよりは「とっても悪い」習慣の例ばかりで申し訳ありません。

「ハ」が「全部」を表すということに注意しましょう

考えてみますと、「ハ」の一番大切な働きは、ある語句が表すはずの事物の「全部」を指し示すということになります。「イヌは動物です」★だったら「イヌ」という名詞が表すことができるモノの全部を指しています。でも「車はもう洗いました」だったら、この「車」は「全部の車」を指すわけじゃないじゃないか、という反論はすぐに出てきますよね。

はい、確かにこの「車」は世の中にある車の全部を指すのではありません。ですが、「車はもう洗いました」という言い方がちゃんとできるためには、「車は洗ったんだろうな」みたいな形で、「車」★が指すモノがはじめから決まっていなければならないわけです。となると、「車はもう洗いました」の「車」は、この文が使われる場面に、前もって登場している「車」の全体をやっぱり指しているんだよ、と言って構わないと思います。

今まで考えてきた「ハ」は、「主題」を表すやつだったわけですが、「対比」を表す場合だって同じことです。「イルカは哺乳類ですが、サメは魚類です」の「イルカ」と「サメ」は、それぞれ「すべてのイルカ」「すべてのサメ」を指しています。「花子はジュースは飲みました」の「ジュース」は、もちろん「世の中にあるジュース全体」を

★「イヌは動物です」というのは、正確に言えば「すべてのイヌは動物です」という内容を表しています。

★大体、世の中の車全部を洗いました!、なんてことは絶対にありえませんよね。

指すわけではありませんが、前もって場面に「ジュース」とか「ワイン」とか「ビール」とかのモノが登場していて、その中にある「ジュース」が指すモノの全体を指し示しているんだよ、と考えなければなりません。

それに、これは前にもお話ししましたように、「ハ」が主題を表すのか、それとも「対比」を表すのか、っていうのは、実際に文が使われる場面に、ある名詞が指すモノと対比されるようなモノがあるかどうか、ということで決まってくるのでした。ですから、主題と対比というのは、結局は「ハ」の働きの「分類」なわけで、分類である以上は、そのどっちに入るかはっきり決められないぞ、というものがどうしても出てくるのは仕方がありません。対比されるものがはっきりと場面に出てきていれば問題はありませんが、そうじゃないと、そういうものがありそうなのか、それとも、どうもなさそうなのか、というのは、やっぱり明確には決められないことでしょう。

で、もうお分かりだと思いますが、「酒を飲んでは」の「ハ」は、多分そういう主題と対比の中間あたりに位置する働きをしているんだろうなー、ということです。これ、別にごまかしているわけではありません。とにかく「酒を飲んでは」みたいな表現で大事なのは、「酒を飲んで」という語句（正確に言うと「節」ですね）が表す事柄の「全部」を指しているんだよ、ということなのです。

「ハ」が付いて、たくさんの事柄を表すようになります

それで、「酒を飲んで」という節が表す事柄のことですが、これは、前に「難しい」という述語が表す事柄のことでお話したのと基本的には同じです。ただ、「難しい」の場合だと主体がいろいろあるというだけでしたが、「酒を飲んで」★だと、「飲む」という動作が行われる時点はいろいろありますし、その時点によって飲まれる「酒」もいろいろと変わってきます。

そしてまた、「酒を飲む」ことを行う主体もいろいろだ、ということで、「酒を飲む」が表す事柄は、「難しい」に比べてずいぶんと複雑になってしまいます。今は「春男は酒を飲んでは……」という文のことを考えているんですから、主体は全部「春男」だということにしておきましょう。

そうすると、「(春男が)酒を飲んで」という節は、次のような事柄の集まりを表すことになりますね。表し方を簡単にするために、「飲む［主体＝春男、対象＝酒］」みたいなのを「飲む［春男、酒］」のように表すことにしておきます。

飲む［［春男、酒1］時点1］＋飲む［［春男、酒2］時点2］＋……
＋飲む［［春男、酒n］時点n］

★これは「酒を飲む」と同じことですから、これからは「酒を飲む」という文と同じだとして考えていくことにします。

さーて、そうすると、「酒を飲んでは」というのは、「酒を飲んで」に「ハ」が付いているわけですから、要するに「酒を飲む」という文が表す事柄の「全部」を表すんだ、ということになります。「春男は酒を飲んでは暴れた」という文については、「(春男が)酒を飲む」という事柄をどれか一つに限定するような文脈はありません。ですから、「酒を飲んでは」というのは、さっき表したようなたくさんの事柄の全部をやっぱり表しているんだと考えていいわけです。

「暴れた」のほうは、「春男はその時暴れた」みたいに一つだけの事柄を表すこともあれば、「春男はいつも暴れた」みたいにたくさんの事柄を表すこともできます。前にお話ししたように、事柄の枠組みを決めるのは「ハ」が付いた語句のほうですから、「酒を飲んでは」という節がたくさんの事柄を表すのだったら、「暴れた」もやっぱりたくさんの事柄を表すようになります。

こうして、「春男は酒を飲んでは暴れた」という文は、「春男が酒を飲んで暴れる」という事柄がいろんな時点でたくさん起こった、という内容、つまり春男にそういう悪い習慣があったんだ、ということを表すようになる、ということになるわけです。★

一方、「春男は酒を飲んで暴れた」だと、「暴れた」のは一回だけだ、というふうに解釈されるのが普通です。さっきは何回も暴れたことも表せると申し上げて、今度は一回だけというのはおかしいぞ、とお考えかもしれません。でも、さっきお話ししたように、そういうふうにたくさんの事柄を表せるのは「いつも」とか「よく」みたいな、何

★「過去の習慣」なんて言われることがありますね。

回も起こったんだ、という意味を表す語句が使われている場合なんでして、「酒を飲んでは」というのもそういう働きをする語句の一つだったのでした。

ところが、「和子は歌った」でも「和彦は木を切った」でも、「何回も」という意味を表す語句がなければ、大抵はそういう事柄が一回だけ起こったんだ、と思いますよね。警察に「家に泥棒が盗みに入りました」という連絡を入れて、「ほー、お宅はずいぶん泥棒に入られるんですねー」なんていう返事が返ってくることは、まずないでしょう。「泥棒が盗みに入った」と聞けば、それは今度の一回だけなんだ、と誰でもが考えるということです。

で、こういうふうに普通に解釈して「暴れた」が一回きりの事柄を表すのだったら、その前にある「酒を飲んで」も、今度は「ハ」がないわけですから、やっぱり一回だけ起こった事柄を表すということになるわけで、その結果「酒を飲んで暴れた」全体も、過去に一回だけ起こった事柄を表すことになります。

「ハ」についてのお話はこれくらいにしておいて、最後に「はずだ」と「に違いない」は、どこがどう違うのかという問題を考えることにしましょう。

モダリティーを表すのがムードです

「はずだ」と「に違いない」は、どちらも「必然性」というモダリティーを表す表現だと言われます。「モダリティー」というのは、この章の最初のほうでお話しした「ムード」が表す内容のことです。ちょっと分かりにくいですね。別の例を使って説明しましょう。

人間であれば、ある事柄が「現在」起こっているのか、それとも現在より前の「過去」に起こったのか、それとも現在より後の「未来」に起こるのか、ということは、誰にでも分かります。言い換えれば、ある事柄と、「現在」という時点との時間的な前後関係についての認識は、人間にとって普遍的なことだということです。

ところが、そういう誰にでも分かる時間関係を、コトバを使って表す場合には、言語によっていろいろと違いがあります。日本語だったら、さっきお話したように、「た」と「る」を使いますし、英語だったら、「現在形」「過去形」「未来形」のような動詞の形を使い分けますよね。こういうふうに、時間関係を表すための形を「時制」とか「テンス」などと呼んでいるわけです。

で、時間関係を「事柄に対する話し手の判断」に置き換えるとしましょう。「話し手の判断★」と言ってもぼんやりしているので、ここでは事柄が現実に起こる可能性について、話し手が判断する内容のことだと考えることにしておきます。そういう内容だったら、これは絶対ホントなんだ、という判断から、まず確実に起こるぞ、まあまあ起こりそうかな、多分起こるだろうな、もしかしたら起こるかもね、絶対ウソさ、みたいにして、だんだんと、起こる可能性の程度が変化していきます。

★他にも、「命令」「依頼」「許可」あるいは「意志」なども話し手の判断に入れられることが多いです。

こういう、現実に起こる可能性のいろんな程度のことを「モダリティー」と呼ぶのだと考えてください。これだったら、時間関係と同じように、どんな人間にでもできる判断だとしていいでしょう。

一方、そういう可能性の程度をコトバでどうやって表すのかということになると、時制の場合と同じように、言語によっていろいろと違いが出てきます。そういう内容を表す形のうち、動詞（正確には述語）の活用形とか、動詞にくっついて全体として動詞群を作るような単語のことを「ムード」と呼んでいるわけです。

伝統的には、英語の直説法とか仮定法★のように、動詞のきちんとした活用★でもって可能性の程度を区別する場合に、そういう「法」のことを「ムード」と呼んできました。でも日本語でも、動詞の後に「はずだ」「に違いない」「ようだ」「かもしれない」みたいな単語（ホントは単語の集まりですが）を付けて、可能性の程度をきちんと表し分けているので、これも「ムード」と呼んでおいていいんじゃないの、ということになっているようです。

「はずだ」と「に違いない」は違うはずなのです

さて、モダリティーのうちで「確実に起こるぞ」という内容、つまり「必然性」を表す日本語として、「はずだ」と「に違いない」の二つがあることになります。英語だと

★これ、他のヨーロッパ語では「接続法」と言います。英語では仮定法も接続法も **subjunctive** です。

★実は英語の活用はそれほどきちんとはしていないのですが、**If he is honest. . .** の **is** は直説法、**If he were honest** の **were** は仮定法で、これはちゃんと区別されていますね。

大体どっちもmustで言い換えられますから、日本語は同じモダリティーを二つの単語で表していることになります。日本語と文法がよく似ている朝鮮語でも、必然性は一つの単語で表されているのだそうで、となると、外国人にはこの二つの使い分けは難しいんだろうな、と言えるでしょう。

実際、「明かりがついているから、誰かいるはずだ」と「明かりがついているから、誰かいるに違いない」みたいな例だったら、どちらも同じように「誰かがいる」という可能性が高いぞ、という判断を表していて、「はずだ」でも「に違いない」でもあんまり意味は変わらないようにも思えます。「もっと練習すれば、君は優勝できるはずだ」と「もっと練習すれば、君は優勝できるに違いない」を比べても、うーん、違うような気もするけど、やっぱり同じかなー、なんて迷ってしまいますよね。

はい、「Xのはずだ」も「Xに違いない」も、Xという事柄が起こる可能性が高い、Xが必然的だ、という意味を表すのが普通だという点では、実際のところ同じなんでして、ここだけ見ていても違いは分からないだろうと思います。でも、全く同じ意味を★表す単語が二つあったってし方がありませんから、やっぱり意味には違いがあると考えたいですよね。で、実際に違いがあるわけです。

たとえば、それまでは真面目だった夫の帰宅時間が毎日深夜になっている、なんていう状況で、「夫が浮気をしている可能性が高い」という内容を妻が言おうとしたら「あの人は浮気をしてるに違いないわ」と言って、「あの人は浮気をしているはずよ」とは

★こんなによく使われて、しかも大切な意味を表していながら、全く意味や働きが同じ単語が二つあったら、多分どっちか一つはなくなっているだろうと思います。

言わないと思います。それから、待っているバスがなかなかやって来ない、という場面で、バスが事故にあった可能性が高いぞ、と判断したとしたら、「事故でも起こったに違いない」と言うのが普通で、「事故でも起こったはずだ」という人はあまりいないでしょう。

こういうのとは逆に、今道を時速五十キロで走っていて、目的地まであと百キロあるという状況で、あと二時間で目的地に着ける可能性が高い、という内容を言いたければ、「あと二時間で着くはずだ」というのが普通でしょう。また、一生懸命勉強したのに、思ったほどいい点がとれなかった人に対して非難めいたことを言うとしたら、「あれだけ勉強したのなら、もっといい点がとれてるはずだ」と言うのでして、「あれだけ勉強したのなら、もっといい点がとれてるに違いない」とは、私だったら絶対言いませんね。

「に違いない」はまともな判断をしていないこともあるのです

というわけで、同じようには使えないということですから、「はずだ」と「に違いない」は、やっぱり違うんだということになります。それではどこが違うのでしょうか。どちらも、ある事柄が起こる可能性が高いんだ、という判断を表しているわけですが、そういう判断をするからには、普通だったらその判断がもとになっている「根拠」みたいなものがあると考えていいでしょう。

もちろん、その根拠をコトバで表現することもあるでしょうし、そうでない場合もあるわけです。でもどっちにしても、いきなりある事柄が必然的だ、と言い出すなんてのは、「私は神様です」★とか「あなたは明日死にます」なんて言うのと同じで、誰か他の人とまっとうな会話を続けよう、という意志がない人のやることです。

さて、「あの人は浮気をしているに違いないわ」と言っている妻が根拠にしているのは、「真面目だった夫が毎日夜遅く帰ってくる」という事実でした。つまり、この妻は、「普段真面目な人の帰宅が毎日遅ければ、その人は浮気をしている」という、まあ言ってみれば一種の「因果関係」を正しいものと認めているということです。でもこの因果関係は、ずいぶんと個人的なもので、誰が考えたってちょっと怪しいですよね。

いつもは真面目な人の帰宅時間が遅いというのだったら、まあ多分仕事が忙しいんだろうな、とか、無理矢理上司に誘われて栄★で飲んでるのかもね、なんていう可能性もあります。それなのに、帰宅が遅いってのは、浮気してるってことなのねー、キー、みたいに思ってしまうっていうのは、要するに、ある事実を根拠にしてはいても、そこからまともな判断を行っていないということになりそうです。

ということは、「Xに違いない」という文が表す意味は、根拠をPで表すとすると、「Pだ。そしてXは必然的だ」みたいな形になって、「PだからXだ」みたいな、ま

★道端に立って、こういうことを誰彼なく言いかけている人が結構いるのも確かですが。

★名古屋の繁華街です。ちなみに、愛知県の各地には「何とか銀座」というのはなくて、そういうのは「栄」という名前になっているようです。

ともな因果関係についての判断を表すのではない、ということになると考えていいと思います。「事故でも起こったに違いない」という文についても同じことでして、「バスが遅れている」という事実からだったら、「バスが故障した」「道が渋滞している」「都合で運休になった」なんかの、いろんな可能性が考えられるわけでして、それなのにいきなり「事故が起こった可能性が高い」という判断をするのは、何といっても考えが足りなさ過ぎますよね。

ですからこの文が表しているのも、「バスが遅れている。そして事故が起こったのは必然的だ」みたいな内容になるとしていいでしょう。「に違いない」が、こういうふうに筋道だった因果関係についての判断を表さないからこそ、たとえば、道を歩いている厚化粧の女性を見て、「あの人は水商売をやってるに違いない」なんて、いきなり言うことができるわけです。別に水商売をやっていなくたって、化粧の濃い女性だったら、★八代亜紀とか鈴木その子とか黒柳徹子とか、いくらでもいます。

「はずだ」には因果関係が含まれている

こういう場合に「あの人は水商売をやっているはずだ」と言えるとしたら、それは、その道を歩いている女性をじっくり観察して、たとえばそういう職業の女性だけが使う★香水をつけているとか、業務用の★スナックの袋をもっているとか、誰でもなるほどそう

★どうも選択に年齢が現れていけません。

★寡聞にして、私はそういう香水がどれかを知りませんが。

★あの、銀紙なんかで包んだチョコレートみたいなやつですね。

だなー、と思うような根拠を見つけて、それをもとにその女性が水商売だ、という判断を下している場合でなければならないでしょう。

これだけだと、「Xのはずだ」という文が表す内容は、根拠をやっぱりPだとしておきますと、「Pだ。だからXは必然的だ」という形で表されることになりそうです。これだけでも、まともな判断が行われているぶん、「Xに違いない」よりも、それこそ「論理的な」判断を表すんだ、ということは言えそうです。

でもここまでだと、「誰でもが納得する根拠から、Xが必然的だという判断をする」という内容がきちんと表されていないようにも思えます。ここで大事なのは、「P★ならばXだ」という判断の全体なのでして、その全体が多分正しそうだと思われるからこそ、Xが必然的だという主張にも納得がいくというわけなのです。

ですから、「Xのはずだ」という文の内容としては、「『PならばXだ』が必然的だ」という形で表すほうがいいと思います。こういう形だと、根拠であるP★が事実だという必要はなくなるのですが、実際それでも構いません。たとえば、「その人が今でも生きていれば、もう百歳を超えているはずだ」なんていう「はずだ」を使う文も、よく使われることはみなさんご存じのとおりです。この文は、二十年前に八十歳を超えたくらいで死んだ、ということが分かっている人のことを問題にしていて、その人が現在でも生きていると仮定すると、その人の年齢は百歳を超えている可能性が高い、という内容を表していますよね。

★今の例だと、「特別の香水をつけていたり、業務用のスナックの袋をもっていれば、その人は水商売をしている」ということ。

★「地球が平面なら南極も北極もない」という文全体が表す事柄には問題はありませんが、「地球は平面だ」という根拠の部分はもちろんウソです。

ということは、この文が表しているのは、「『その人が今でも生きていれば、百歳以上の年齢だ』ということが必然的だ」という内容になるのでして、さっきの「『PならばXだ』が必然的だ」という形とちゃんと一致していますね。そしてこの場合は、根拠のPが事実じゃないのですから、「その人が百歳を超えている」という事柄が必然的だということにはなりません。死んだ人の年齢が今いくつだ、という内容が必然的だなんてことはありませんからね。

同じように、「クジラが魚なら、イルカも魚のはずだ」なんていう文も、「『クジラが魚ならイルカも魚だ』ということは必然的だ」という内容を表していることになります。つまり、クジラのような動物を魚の仲間にするんだったら、クジラと同じような性質をもったイルカも魚になる、という判断はほとんど正しいだろう、ということですね。で、「クジラが魚だ」というのはもちろんウソですから、「『イルカが魚だ』が必然的だ」という事柄もウソになるわけでして、実際イルカが魚である可能性が高いなんてことはありません。

一方で、「『PならばXだ』が必然的だ」という内容の文が言われて、同時に根拠であるPが事実なんだったら、そうか、Xも必然的なんだな、ということが分かるわけです。さっきの「あと二時間で着くはずだ」という文だったら、根拠は、車の時速が五十キロで、残りの距離が百キロということでしたから、「『時速五十キロで百キロの道を走れば、あと二時間で目的地に着く』ことが必然的だ」という内容を表していて、実際にそういうふうに走っているわけですから、「あと二時間で着く」のも必然的なんだな、ということが分かるということです。

「あれだけ勉強したのなら、もっといい点がとれてるはずだ」だと、「『あれだけ勉強したら、もっといい点がとれている』ことは必然的だ」という意味になります。それで、★「あれだけ勉強した」というのは事実なわけですから、「もっといい点がとれている」ことも必然的なことなんだ、と話し手は考えているわけですね。ところが実際には、あんまりいい点がとれなかったということで、ここには、本来なら必然的に起こる予定の事柄と、実際に起こった事柄の間に矛盾があることになります。

二つの事柄に矛盾があるということから、★「なんでもっといい点がとれなかったんだ！」みたいな非難とか皮肉の意味が出てくるということでしょう。鼻をたらして薄汚れた服を着ている子供（今はまず見かけませんが）を連れた人に、「あら、お上品なお子さまですこと」なんていうご婦人は、事実とは反対の事柄を意味する言い方をすることで、相手に皮肉を言っているわけです。

因果関係を認めることが大切です

こういうふうに、「Xに違いない」はある事柄をもとにしながらも、それとは必ずしも因果的に結びつくとは限らない事柄の必然性を表しているのに対して、「Xのはずだ」

★これは、「勉強したのなら」の中の「の」という助詞で表されていますね。

★この後「このボンクラめが！」と付け加えたいところなんでしょうけれども。

というのは、ある事柄からある帰結が出てくるのが必然的なんだ、という意味を表しているのだと考えられます。

あと、「はずだ」にはちょっと問題になりそうな使い方があって、それは「道理で答えが違っているはずだ、ここの計算が間違っている」とか「エアコンがついていないんだから、暑いはずだよ」みたいな言い方です。「答えが違っている」とか「暑い」っていうのは、現実に観察されている事実なんですから、そういう事実を前にして、これは「起こる可能性が高い」なんて判断するのはおかしいような気がしますよね。

ですが、今までお話ししてきたように、「Xのはずだ」というのは、それだけを取り出して「Xである可能性が高い」と言っているわけでないのでした。あくまでも「ある根拠からXが導き出されてくる、ということの可能性が高い」という意味を表しているんでして、Xが事実かどうか、ということはホントは重要ではないのです。

「計算★が間違っていれば答えが違う」とか「エアコンがついていなければ暑い」という因果関係だったら、これは大いに必然的です。「Xのはずだ」が、こういう因果関係が成立する必然性を表すのだとしたら、誰が見てもXが事実だということがあったとしても、「Xのはずだ」という言い方はできると考えていいですよね。実際、「計算が間違っている」とか「エアコンがついていない」みたいな根拠をあげないで、誰にでも分かる「答えが違っている」とか「暑い」なんかの事実を見ていながら、「答えが違っているはずだ」とか「暑いはずだ」なんて言ったとしたら、これはとってもおかしいわ

★計算が違っていても答えが合ったり、エアコンがついていなくても暑くないこともありますから、絶対確実とは言えませんが。

けです。

もちろん、前にもあげたように「明かりがついているから、誰かいるはずだ」「明かりがついているから、誰かいるに違いない」とか、「もっと練習すれば、君は優勝できるはずだ」「もっと練習すれば、君は優勝できるに違いない」みたいな例があって、こういうのだと、「はずだ」でも「に違いない」でも別に変わりはないような気がします。「に違いない」だと、「明かりがついている」とか「(君が)もっと練習する」という事柄を根拠にして、「誰かいる」とか「君が優勝できる」みたいな事柄が起こる可能性が高い、ということを話し手が判断しているということになります。ところが、「明かりがついている」ことと「誰かいる」ということの間には、常識的に考えて、結構はっきりした因果関係がありますよね。友達のアパートを訪ねて、窓から明かりが見えたら、おお、ちゃんといるんだな、と思うのが普通です。もちろん電気をつけっぱなしで出かけちゃった、なんていう可能性もないわけではありませんが、とりあえずは友達が中にいるんだ、と誰もが思うのではないでしょうか。

というわけで、「明かりがついていれば、誰かいる」という内容の因果関係は、成立する必然性があると普通だったら考えられるのでして、だからこそ「明かりがついているから、誰かいるはずだ」という言い方がおかしくないわけです。一方、「もっと練習する」ことと「君が優勝できる」ことの間の因果関係は、「君」にどれくらいの力があるのかよく分からなければ、それほどはっきりと認められるわけではありません。いく★

★私がこれから毎日10時間ずつ5年間シンクロナイズドスイミングの練習をしても、オリンピックで優勝はできません(その前に練習もさせてもらえないという話もありますが)。

ら練習したって、優勝できるほどの素質がなければ、永遠に優勝はできないでしょうね。

でも、練習を一生懸命にすることで、優勝する可能性が高まる、というのは、素質に関係なく当てはまることでもあります。優勝なんかできない人っていうのは、まず例外なく練習をちゃんとやってきていないわけですから。というわけで、「もっと練習すれば、優勝できる」という内容の因果関係の必然性も、その人の素質をちゃんと知っているという条件を満たしていれば、認めてやることはできるでしょう。となるとやっぱり、「もっと練習すれば、君は優勝できるはずだ」という言い方も、おかしくはないんだということになります。

こういう具合に、ある事柄 P と別の事柄 X があって、P を根拠にして X の必然性を主張する、という内容を言い表したいときに、「P ならば X だ」という因果関係が成立することが、まあ結構あるんだろうな、という状況があれば、「X に違いない」でも「X のはずだ」でもどちらでもそんなに変わらない、ということになるんだと言えそうです。

そして、こういう因果関係が確実に成り立つんだ、ということが誰にでも分かっている場合には、それこそが「はずだ」を使うのに一番ふさわしいわけです。たとえば理科の授業で、二酸化マンガンと過酸化水素水をまぜて酸素を発生させる、なんていう実験をやるとして、実験がうまくいけばちゃんと酸素が発生するんだぞ、みたいな場合には、「この二酸化マンガンとこの過酸化水素水をまぜれば、酸素が発生するはずです」と言うのが普通で、「～酸素が発生するに違いありません」とは言いにくいと思います。

もちろん、実験の手際が悪くて酸素も何も出てきませんでしたー、なんてこともありうるわけですから、「酸素が発生する」ことは「可能性が高い」としか言えないわけで、だったら「に違いない」でもよさそうです。ですが、「二酸化マンガンと過酸化水素水をまぜたら酸素が発生する」というのは、化学の法則なのですから、これほど分かりやすい因果関係はありません。つまり、この因果関係が成立するのは、ほとんど絶対と言ってもいいくらいに必然的なことなわけです。だったら、まさにそういう意味を表す「はずだ」を使うほうが自然なんだ、と言えるでしょう。

INDEX

索　引

※ 数字はページ数を表します。

著者紹介

町田　健（まちだ・けん）

1957年福岡県生まれ。東京大学大学院人文科学研究科博士課程単位取得。東京大学助手、愛知教育大学助教授、成城大学助教授、北海道大学助教授を経て、現在、名古屋大学教授。専門は言語学。文の意味と構造の関係、ソシュール学説、フランス語の歴史などを中心に研究、幅広いフィールドで活躍する新進気鋭の言語学者である。

著書に『ソシュールのすべて』『町田教授の英語のしくみがわかる言語学講義』『言語学のしくみ』『言語学が好きになる本』『生成文法がわかる本』（研究社）、『日本語の時制とアスペクト』（アルク）、『言語学』（共著、東京大学出版会）、『よくわかる言語学入門』（共著、バベルプレス）など多数。

左が筆者。北海道・屈斜路湖畔のホテルにて、奥さんとともに。

日本語《にほんご》のしくみがわかる本《ほん》

2000年11月20日　初版発行
2020年 5 月29日　7刷発行

著　者　町　田　　健
発行者　吉　田　尚　志
発行所　株式会社研究社
〒102–8152 東京都千代田区富士見 2–11–3
電話　03 (3288) 7777 (営業)
03 (3288) 7711 (編集)
振替　00150–9–26710
印刷所　研究社印刷株式会社

KENKYUSHA
〈検印省略〉

ブックデザイン・寺澤　彰二
本文レイアウト・古正佳緒里
編　集　協　力・高見沢紀子

ISBN 978–4–327–38442–5　C0080